AUDREY AT HOME

奥黛丽·赫本

Audrey at Home.

Memories of My Mother's Kitchen

甜蜜的日常，美好的记忆

[意]卢卡·多蒂 著　　庄 靖 译

四川文艺出版社

图书在版编目（CIP）数据

　　奥黛丽·赫本：甜蜜的日常，美好的记忆 /（意）
卢卡·多蒂著；庄靖译 . — 成都：四川文艺出版社，
2024.2
　　ISBN 978-7-5411-6781-2

　　Ⅰ . ①奥… Ⅱ . ①卢… ②庄… Ⅲ . ①赫本
（Hepburn, Audrey 1929–1993）—传记 Ⅳ . ① K835.615.78

　　中国国家版本馆 CIP 数据核字（2023）第 215151 号

本书译文经成都天鸢文化传播有限公司代理，由城邦文化事业股份有限公司脸谱出版事业部授权使用。
著作权合同登记号　图进字：21-2023-310

AODAILI HEBEN TIANMI DE RICHANG MEIHAO DE JIYI

奥黛丽·赫本：甜蜜的日常，美好的记忆

［意］卢卡·多蒂 著　　庄 靖 译

出 品 人	谭清洁
出版统筹	众和晨晖
策划编辑	苟　敏
责任编辑	路　嵩
内文设计	书虫图文
封面设计	叶　茂
责任校对	蓝　海
责任印制	崔　娜

出版发行　四川文艺出版社（成都市锦江区三色路 238 号）
网　　址　www.scwys.com
电　　话　028-86361802（发行部）　　028-86361781（编辑部）

邮购地址　成都市锦江区三色路 238 号四川文艺出版社邮购部　610023
印　　刷　北京雅图新世纪印刷科技有限公司
成品尺寸　173mm×235mm　　　　　　开　　本　16 开
印　　张　16　　　　　　　　　　　　字　　数　210 千字
版　　次　2024 年 2 月第一版　　　　印　　次　2024 年 2 月第一次印刷
书　　号　ISBN 978-7-5411-6781-2
定　　价　88.00 元

我大儿子房间的墙壁上，有一天突然挂上了到处都可见的我母亲的标志性面孔——她在《蒂凡尼的早餐》中饰演的霍丽·葛莱特丽，映在蒂凡尼橱窗上的脸庞。"文森佐，你把这东西挂在这里是什么意思？"我语带责怪地问他。"爸爸，可是这是奶奶啊！"他固执地回答。

　　我把本书献给他与他的两个妹妹玛尔塔和爱丽丝，因为"让一切随风而逝"之前，我必须让他们知道，在那件黑色直筒洋装和那副大墨镜下，他们的祖母究竟是个什么样的人。在这个过程中，我相信我们的家庭影像和所有那些堪称完美的黑白剧照一样重要。她在钟爱的食谱上写下的笔记，意义也与她的剧本同样深远。

开篇图：和平之邸与其盎然春意。
目录后跨页图：妈妈与《绿厦》主演小鹿"皮平"，以及爱犬"著名先生"。

CONTENTS

序言 10

1

荷兰：战争和失去家园

荷式蔬菜土豆泥：打起精神，怀抱希望 19

茶外婆的咖哩：男爵母亲，她的母亲 29

巧克力蛋糕：象征自由的甜点 37

2

好莱坞：发现新天地

在家吃早餐：老派作风 45

红鸡：比弗利山庄奇幻乐园 51

伏特加番茄酱意大利面：出门在外的家 57

神圣的马苏里拉奶酪……以及剩下该怎么处理 63

西班牙番茄冷汤和蛋饼：第一次跟妈妈去片场 69

3

罗马：贤妻良母

土耳其式烤海鲈：与父亲坠入情网 77

罗马式面疙瘩：奥黛丽·多蒂太太 83

威尼斯小牛肝：期待我出生 89

炖小牛膝配藏红花圣玛丽亚面：萨丁尼亚守护人 95

保拉奶奶的金枪鱼小牛肉：婆媳之间 101

烟花女意大利面：意大利风情 107

番茄酿饭：一别两宽 111

哈利酒吧：回到威尼斯 117

4

瑞士：她的避风港

中国火锅（瑞士版）：冬日暖意 127

和平之邸：鲜花、水果和生命的承诺 135

三文鱼烤土豆：除夕夜飨宴 155

格施塔德青酱意大利扁面：在阿尔卑斯山百折不挠 161

汤匙牛肉：大费周章的生日惊喜 167

双色宽扁面：美食不用翻译 173

烤小牛肉配蘑菇酱：奥黛丽·赫本赶大集 179

5

返璞归真：快乐的真谛

番茄酱意大利面：家，就在这道食谱里 187

奶酪通心粉：窈窕淑女奥黛丽 193

酥炸肉排：回家的诱惑 199

香草冰激凌：让她"大快朵颐"之物 207

番茄酱斜管面：我们的垃圾食品 215

蒜香辣椒意大利面：意大利的安慰 221

爱犬的食物：妈妈和她的爱宠们 225

6

真正重要的意义：她的传承

巧克力慕斯：白宫晚宴 233

世界上最珍贵的食谱：联合国儿童基金会的口服脱水补充液 239

奥黛丽·赫本生平年表 245

参考文献 250

图片来源 252

序言

　　我一直不知道奥黛丽·赫本是谁。小时候经常有记者纠缠不休，总问我关于她的事情，我有时会恼怒地回答："你们搞错了，我妈妈是多蒂太太。"他们哄堂大笑。在6岁小孩的眼中，不管他母亲是芭蕾名伶、科学家、女演员，抑或就只是单纯的母亲，都没什么不同。他只要知道父母能发挥所长，各尽本分，那就够了。何况我的精神科医生爸爸有趣得多。爸爸在家时总是众人注意力的中心，尤其是妈妈结束她的电影生涯，专心相夫教子之后。

　　当然，我们依旧会去洛杉矶旅行，但对我来说，迪士尼乐园的灯光比好莱坞的灿烂得多。在瑞士度过一个重要的新年后，我学会了跟着玛丽·波平斯（《欢乐满人间》女主角，朱莉·安德鲁斯饰）吹口哨。1976年，妈妈出演《罗宾汉与玛丽安》一片，这是我出生后她首度复出，我在拍片现场玩得很开心，但完全是因为"詹姆斯·邦德"（即007男主角，初代由肖恩·康纳利饰）就在她身旁。

《双姝艳》宣传剧照，
1951年。

妈妈依旧是我的平凡母亲，当然，她很可爱，但我一点都不觉得她有什么了不起的地方。这是年龄的问题，也和时代有关。那时大家并不常谈起她——妈妈已经息影多年，而大家对她的个人崇拜尚未开始。我的朋友第一次到我们家来玩时总是很好奇，因为他们的脑袋里塞满了他们的父母对赫本的印象——透过她拍的电影和他们所读的杂志。然而只要朋友们认识她之后，所有的尴尬立刻消失得无影无踪。

在我成长期间，一切大概是这个情况。她演《罗马假日》（1953）获得的奥斯卡最佳女主角奖奖座，就放在我们瑞士小村庄特洛什纳的家"和平之邸"游戏房的书架上，和其他纪念品一起塞在书堆里。这些纪念品包括好几匹色彩缤纷的瑞典小马，迄今我还十分珍惜地保存着。母亲选了表彰她人道贡献奖的奖座放在客厅，因为最终她发现它们对她的意义更重大。她这辈子一直未能如愿好好读书上学，所以我记得当布朗大学在1992年颁发荣誉学位给她时，她非常自豪地对我说："你敢相信吗，他们颁发学位给我——给像我这样没有好好受教育的人？"

她这种对自己身为"明星"的态度，也来自于她对电影的态度，以及对银幕上自己的看法。她自幼梦想成为古典芭蕾舞星，为了接受这方面的训练，遵循了这种艺术所要求的严格纪律。她参加知名的玛丽·兰伯特芭蕾舞校招生试镜并被录取之后，由荷兰赴伦敦。但她很快就发现自己不可能成功，对她来说，这一刻十分痛苦。第二次世界大战耽误了她的舞蹈训练，这一缺失永难弥补。其他舞者在技术上至少领先她五年。"她们有比较好的食物和住所。"她曾难过地说。妈妈认命地接受自己永远不可能成为古典芭蕾明星的事实，但在身为演员的生涯中，她以同样艰苦卓绝的精神，遵循她认为在任何领域成功唯一的途径：早点起床准备当天的工作。

她这辈子一直维持这样的习惯，即使息影之后，先当全职妈妈，接着又担任联合国儿童基金会亲善大使，依然一以贯之。

妈妈从不认为自己是伟大的明星。她对我说过的唯一和工作有关的八卦，是有些演员同事可以彻夜狂欢，次日早晨只要化点妆，再来一杯提神饮料，就能表演得无懈可击。她说她有时甚至得把他们拖下床，就像对我爸爸那样，爸爸曾承认："要不是你妈妈逼我淋浴，灌我喝咖啡，我可能永远当不上教授。"

我不会指明她说的那些狂欢的明星是谁，但她调皮的描述包含了诚挚的赞赏："我永远不敢像他们那样做。"这并非惺惺作态，我记得她接到史蒂文·斯皮尔伯格来信那天的激动。多年前，我们在罗马的电影院观赏《E. T. 外星人》，妈妈感动极了，她捏着我的手对我轻声说："卢卡，这人是个天才。"如今那位天才请她在戏中演一个角色。我问她要演哪个角色，她答道："那不是重点！重点是他真的想要我参演吗？"

她飞到蒙大拿州，在《直到永远》（1989）一片中饰演天使哈普——这是她最后一次演电影。或许我该让她多跟我谈谈那次经历。那时我 19 岁，也是斯皮尔伯格迷，但妈妈和我谈的多半是我的考试、我第一次和心仪的女生坐过山车，以及其他日常琐事。我们经常谈到她的过去，但并不是关于她的电影。在谈话中，她经常回忆儿时，关于她所经历的战争和我们家的历史故事。她去世前最后几年，通常是早餐时分会吐露真情，这对她并不容易。我该多和她聊聊，但青少年很难想象母亲会在短短四年间就离你而去，也不了解这世上会有这么多她永远不能告诉你的事。

所以我对当时那位前"多蒂太太"的印象，在她走了之后没有多大改变。当母亲的癌症病情显然已无法控制之时，我们家人聚在瑞士，在她挚爱的和平之邸过圣诞节。妈妈和她的伴侣罗伯特·沃德斯以及我哥哥肖恩·费勒一起从洛杉矶回家，我从米兰过去，而不久后成为我第一任妻子的阿斯特丽德则从巴黎赶来。母亲的挚友多丽丝就住在附近。一连几周，我们的生活都围绕着母亲打转，希望以药物缓减她的疼痛。然后有一天下午，我去看了电影，因为肖恩劝我："你该放松几小时。要是发生什么事，我们会打电话联系你的。"

我在洛桑黑暗的影院里接到了那通电话。妈妈走了。我一直很不理性地相信，他们让我去看电影是为了保护我，让我在她最艰难的那一刻走远一点，就像大人有事要谈时，打发孩子去花园里玩一样。

接下来一切都变了。她不在人世了。摄影记者包围了和平之邸，等他们终于消失之后，我的母亲才终于和众人眼里的奥黛丽·赫本合而为一。等我回到当时的工作地点米兰时，她的脸孔在每一个报摊朝外看着我。我只能在摆脱"赫本之子"这沉重的身份时，才能悼念我心里那个平凡的母亲。

我逐渐明白，我得和那除了我之外人人皆知的偶像妥协，因为尽管在成长的岁月中，我知道母亲很有名气，但其实并不清楚她的受欢迎程度。同样地，常有人问我有没有时间了解奥黛丽，他们以为我是和他们一样远的距离认识她，仿佛我母亲一直远远地定格在一连串黑白影片的剧照里。

其实，我最早的记忆渲染着 1970 年代柯达或宝丽来照片的色彩，就像老旧的家庭相册。当时母亲的照片几乎已经完全从杂志封面消失了。1967 年，《丽人行》和《盲女惊魂记》上映后，她宣告息影。自拍《罗马假日》以来已近 15 年，若从她开始芭蕾舞者的训练来算，更已将近 30 年，此时她将近 40 岁，在这之前从未休息过。记者对她这么早就息影大为惊讶，而她解释说："有些人认为我放弃事业是为家庭所做的重大牺牲，其实完全不是这么回事。这是我最想做的事。"接着她又描述自己做"家庭主妇"的新生活："如果有人认为这生活枯燥乏味，那很可悲。但你不能光是买下公寓，摆设家具，然后置之不理。重要的是你挑选的花朵，你播放的音乐，你等待的笑容。我希望它欢欣愉快，是这混沌世界的避风港。我不希望我的丈夫和孩子回到家来，看到的是一个烦躁的女人。我们的时代已经够让人心烦了，不是吗？"

妈妈拍摄《龙凤配》时，在比弗利山庄威尔夏大道所租的公寓，1953年；对页图：妈妈和罗伯特·沃德斯与他们的杰克·罗素梗犬，和平之邸。

她的话就说到这里，其他的我要用我自己的话来讲。这只是我对这个故事诠释的版本，是我与母亲在一起体验的回忆，以及这些年来我对她的所有了解。她拒绝了传奇文学经纪人欧文·保罗·"快手"·拉扎尔的提案，并决定永远不写回忆录。妈妈告诉我不会读她的亲笔传记那天，我问她为什么。她含蓄地答道："卢基诺，这样我就得把全部事实讲出来，不能只说美好的事，可是我不想说别人的坏话。"

这本我构思为"厨房餐桌上的传记"的书，起源于一个破旧的笔记本。我的朋友艾莉希亚在我家厨房瞥见一本尘封的活页夹。她把它从架上取下来时，一些页面散落出来，有些写得密密麻麻，附了剪贴和笔记。其中许多记述的是令人印象深刻、雄心勃勃的美食，步骤复杂，却从没有在我们的餐桌上出现过。因为在厨房，就像在人生中一样，我母亲逐渐解放自己，摆脱一切不必要的累赘，只留下对她真正重要的东西。而那些就是你会在接下来的篇章里看到的食谱——以及它们所蕴含的故事。

本书描绘的不是水晶蛋之类的菜色——传记作家告诉我们——她在少女时代可以精心做出这道经典法式开胃菜，这里更忠实地刻画她家常的一面：她旅行时带在行李箱里的意大利面，和好友共度下午时光时大吃的冰激凌，以及她从自己深爱的花园中变出的各种可食之物。而在本书中，也记录了她于星海熠熠发光前的人生轨迹，以及我所知的塑造她之成为她的人格和个性的事件。

她经历了第二次世界大战，失去了一个小女孩所重视的一切。她失去了家，父亲失踪，亲戚遭枪杀或被驱逐出境，而且她时时冒着风险，因为她在鞋子里藏着的要传递给反抗军的信息，很可能会让某人消失。除了青草和白煮郁金香之外，没有任何东西可吃，她苟延残喘，瘦得只剩皮包骨，要不是盟军带来的几条巧克力棒，差点撑不过去。

　　本书有一张她在荷兰解放后几个月拍摄的照片捕捉到了那个时刻，照片只有一行简单说明：战后第一次填饱肚子。接着她就生病了，因为她的肠胃已经不习惯食物了。

　　我母亲撑过了那些时日，她认为自己能生存下来是上天的恩赐，不能浪费。她勤奋工作，要夺回她所失去的：家庭、家人，以及厨房的温暖所营造的安全感。她的一生中，努力工作的本能不断地鞭策她，在她作为明星的那段令人眼花缭乱的岁月之外，她开启通往新快乐的门：她的家。如果说她有什么秘密，那就在家里。一切相互呼应。

"我上了阁楼……从地板上我最爱的地点仰望蓝天，看着那光秃秃的栗子树，小雨珠在枝干上发光，好像白银，我也看着海鸥和其他鸟儿乘风滑翔。我想着，只要这景物存在，而且我能活着看到它，这阳光，这万里无云的晴空，只要这持续下去，我就不可能不快乐。"

——安妮·弗兰克（《安妮日记》，1947年）

1

荷兰：

战争和失去家园

荷式蔬菜土豆泥：
打起精神，怀抱希望

你是好莱坞明星？那你一定是美国人。这样的想法似乎理所当然，不容例外。因此我母亲总是被当成美国人，其实她是百分之百的欧洲人。

妈妈出生于布鲁塞尔，她母亲是荷兰人，父亲是英国人，所以她在荷兰和英国长大。我一直认为她属于荷兰的部分更多一些，尽管她的母语依旧神秘难懂，是完全属于她自己的语言。我们在家总是用法意夹杂的方言，但她只用自己儿时的语言和罗伯特·沃德斯交谈。自她与我父亲离婚直到辞世，罗伯特一直是她的灵魂伴侣，他和她一样，在遍地烽火的荷兰成长。我父亲总爱在母亲说荷兰语时开她的玩笑，说要模仿她，非得在嘴里含一个热土豆才行。不过罗伯特向我们保证，她的荷兰语"宛如天籁"，那是她从挚爱的外公那里学来的古老语言，如今已经失传。

在1944年至1945年荷兰的"饥饿之冬"时，纳粹占领军为了报复荷兰民众对盟军的支持，让400余万荷兰人民挨饿。只有运气最好的日子，餐桌上才能看到他们称之为汤的脏水，还有一些用芜菁和豌豆粉做成的奇怪的绿面包。

母亲回忆说："我们吃荨麻，吃郁金香，此外大家还吃白煮青草——但我真的受不了那味道。"她不喜欢苦苣，但是有很长一段时间，除了这些东西之外什么都没有。她常说："感谢上帝至少还有这些东西可吃。"不过接着她又会学《乱世佳人》里的郝思嘉说："我向自己发誓，这辈子再也不吃它们，永不。"

当时还有许多其他要担心的事，那些事并不会随着荷兰解放而消失。战争这辈子一直压在母亲的心头，她对它的恐惧虽然不常浮现，一旦浮现往往是在最意想不到之际。我9到10岁时，曾用自己的储蓄买了个小闹钟，得意扬扬地拿给母亲看，不知道为什么她勃然大怒。原来制作那个钟的德国公司战时曾强迫工人劳役。母亲对我买钟的反应并不理性，不过后来我明白了背后的原因。

母亲曾谈到她们家藏匿一名英国士兵的事，还说到万一事迹败露的后果，描述自己既恐惧又兴奋的情绪。她是个勇敢的小女孩，而且像其他许多人一样协助反抗军，在家里偷偷举行的活动和芭蕾中演出，以便募款支持反抗军。但后来没有食物可吃，她饿得没有力气跳舞，她母亲要她多喝水，至少可以让肚子感觉饱胀。当她没有力气，站不起来时，就拿本书，整天躺在床上，希望能借此驱散脑海中萦绕不去的饥饿念头。

第二次世界大战的最后几个月，荷兰共有2.2万人饿死。我母亲侥幸于生死关头逃过一劫。当时16岁的她近168厘米高，体重只有40公斤。她患了气喘、黄疸和其他因营养不良引发

在这张照片背面，妈妈写道："今年宣战了！"阿纳姆，1939年。

右图：安妮·弗兰克收到一本日记本作为13岁的生日礼物，1942年6月12日。

的疾病，包括急性贫血和严重水肿，母亲描述过水肿的情况："它从你的脚开始，等到达心脏时，你就会死。幸运的是，到足踝上方时，我们获得了解放。"

战争结束后两年，她收到一份文稿，标题为"Het Achterhuis"（秘密日记）。那是一个和我母亲同样出生于1929年的小女孩的日记，她在阿姆斯特丹一间公寓的书架背后藏匿了两年，名叫安妮·弗兰克。

这本日记令我母亲心有戚戚，因为如她所说："那孩子完全写出了我的经历和感受。"在日记里，母亲还找到了她姨夫奥托等首批公民在1942年8月15日遭德军枪决的段落。

"我们之间的差别只在于她在屋里，而我可以去屋外。"母亲说。这是天壤之别，而她明白这点。"我要去车站时，会看到载满犹太家庭的牛车，一家老小。那时我们不知道他们是去送死，大家说他们要'下乡'。那时我还是小孩，所以不懂。那些影像在我这一辈子的梦魇中反复出现。"

日记中有几段，她可以倒背如流，但她多次拒绝请她饰演安妮一角的邀约，因为她觉得自己不忍心回顾那段极其痛苦的过去，一直到她的朋友作曲家兼指挥迈克尔·蒂尔森·托马斯劝说才改变，他说服她为他写的乐曲朗诵几段文字。1990年3月，他们在美国巡回公演《来自安妮日记》，接着1991年5月于伦敦演出。演奏会的全部所得都捐给了联合国儿童基金会所援助的儿童。

托马斯回忆，1992年春，他们在我们家位于瑞士格施塔德的小木屋的最后一次会面。母亲准备了意大利面，托马斯努力想说服她多参加几场演奏会，最后一场定于1995年5月，让她回到荷兰演出。她的人生就像转了一个圈，回到了原点。

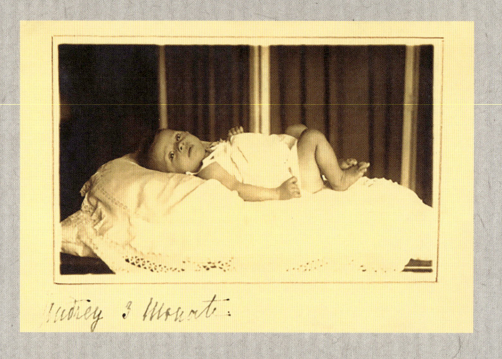

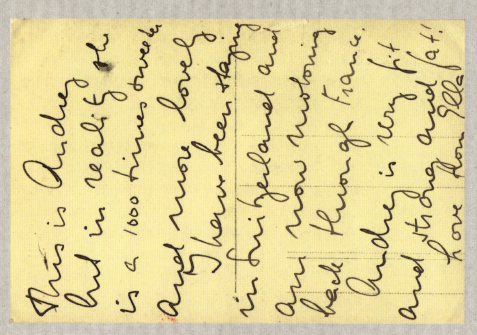

上图：妈妈三个月大时留影，1929年；外婆在照片背面的手写标记。
对页图：妈妈和保姆格蕾塔，1931年。

Jänner 1931

荷式蔬菜土豆泥（Dutch Hutspot）

2人份

蔬菜土豆泥是一道地地道道的荷兰菜，有着悠久的历史，是母亲和罗伯特这两位在第二次世界大战中仅隔数里的知交所共享的一道菜肴——当时我母亲在阿纳姆，而罗伯特就在附近的小城。只要他们俩在家共度宁静的夜晚，我母亲就会做这道菜。这是完全属于他们自己的菜肴，和他们的历史及他们祖国抵抗入侵者的力量有深刻的联系。

1574年，西班牙军队包围莱顿，企图饿死全城人民。就在弹尽援绝的关头，荷兰军队解放了这座城市，这时全城能吃的东西只剩下一小锅土豆、胡萝卜和洋葱了。此后每年的这一天，大家都吃这道菜，以纪念这次解放。

"hutspot"这个词本身的意思是土豆、胡萝卜和洋葱打成泥。不过在日子宽裕的时候，我们可能会想用一点肉为它调味，并在上面浇上肉汁。下面就是这道菜 Met Klapstuk（添加牛肉）的版本。这道荷式蔬菜土豆泥也可以搭配传统荷兰熏肠或切丁的培根食用。

- 225克牛肩肉（或肩胛肉）
- 两大颗土豆，去皮切成四块
- 一个洋葱，去皮切成薄片
- 盐和胡椒
- 两大根胡萝卜，去皮切丁
- 整粒芥末籽酱，备用

将1杯约250毫升的水注入锅中，放入牛肉、盐和少许胡椒，小火慢炖约1小时至肉烂熟后，捞出牛肉，放置一旁晾干。

开中火煮牛肉汁，边煮边搅动至浓稠状态，将肉汁浇在牛肉上，盖上锅盖保温。

同时把土豆放入平底锅，加水至正好盖过土豆，接着放入胡萝卜和洋葱。开大火将水烧开，接着盖上锅盖，转小火，煮约20分钟，至蔬菜软烂。将蔬菜搅拌成菜泥，放入盐和胡椒调味。用大浅盘盛放蔬菜泥，再把切片的牛肉置于其上，配上芥末籽酱即可上桌。

自左上顺时针：和哥哥亚历山大、伊恩玩"比手画脚"游戏，1938年4月24日；和父亲在位于比利时林克贝克的家，1938年4月24日；9岁时和母亲埃拉·凡·海姆斯特拉，1938年；和父亲在林克贝克，1933年；在奥斯提亚海滩，1937年。

海蒂·马萨德的酸辣酱法式肉汤

（Heidi Massard's Pot au Feu with Ravigote）

6 人份

我们在格施塔德的家中吃过一次比较没那么传统的荷式蔬菜土豆泥肉汤。这个食谱来自我们家的好友兼邻居海蒂·马萨德。她的做法，毋庸置疑是举世最好吃的。

- 4 根大牛棒骨
- 粗海盐
- 4 条肉牛尾（2 千克）
- 2 块牛颊肉（约 1.5 千克）或牛腩肉
- 1 个洋葱，带皮
- 3 粒丁香
- 香料包（百里香、月桂叶、欧芹）
- 半根芹菜，带叶
- 1 小匙（3 克）胡椒籽
- 4 块牛肉汤汁调味块
- 8 根胡萝卜，去皮
- 1 大根防风草根，去皮后切成大块
- 1 根芹菜根，去皮后切片成 8 等分
- 1 颗皱叶甘蓝，切片成 8 等分
- 4 根韭葱，修齐绑在一起
- 8 颗小土豆
- 法式芥末酱和腌小黄瓜，佐餐用

把牛大骨放在陶瓷碗中，加冷盐水覆盖，放入冰箱冷藏一夜，或至少 8 小时。

在大锅里煮开至少 5 升水；加入牛尾和牛颊肉、1 大匙（12 克）粗海盐、洋葱，撒上 3 粒丁香，放入香料包、芹菜、胡椒粒和牛肉汤汁调味块。不加盖小火慢炖 4 小时，每隔半小时撇去浮沫，如有必要再加入开水，保证水完美覆盖食材。

将洋葱和芹菜捞出扔掉，再加入胡萝卜、防风草根、芹菜根、皱叶甘蓝和韭葱。慢火再炖 2 小时（总共 6 小时）。炖一个半小时，将清洗好的冷藏牛大棒骨轻轻加入汤中，继续小火炖煮时间结束。另用盐水煮熟土豆，去皮晾干备用。

用可装入少量汤汁的深盘盛牛肉和牛骨，用另一个盘子装蔬菜，配上粗盐、芥末酱和腌小黄瓜，或配上酸辣酱（制作方法如下）。

对页图：妈妈在林克贝克，1934年。

酸辣调味酱（Ravigote Sauce）

1 杯的量（235 毫升）

- 2 颗水煮蛋
- 细海盐
- 现磨黑胡椒
- 1 小匙（2.5 克）法式芥末酱
- 3 大匙（45 毫升）红酒醋

- 9 大匙（135 毫升）葵花籽油
- 1 颗冬葱，剁碎
- 4 根腌小黄瓜，剁碎
- 1 把欧芹，略切碎
- 6 颗刺山柑花蕾

将蛋黄、蛋清分离，取中号碗放入蛋黄，并加适量盐、胡椒，挤上芥末酱，加入红酒醋和葵花籽油，彻底搅拌。蛋清打散，和冬葱、腌小黄瓜、欧芹及刺山柑花蕾一起加入碗内，搅拌均匀。

茶外婆的咖哩：
男爵母亲，她的母亲

妈妈和外婆在伦敦，
约1949年。

　　小时候我对咖哩总是百思不解，那是成人吃的菜，味道繁复，最能让小孩觉得自己比实际年龄更年幼无知。而且在我们家，咖哩一定要配印度甜酸酱。鸡配果酱，那是只有大人才会吃的怪东西。

　　然而，母亲很喜欢咖哩，我的外婆埃拉·凡·海姆斯特拉男爵夫人更是如此。那是完全属于她们的，来自异域的"异国风味"，尽管我不太明白为什么。凡·海姆斯特拉家族因为在荷兰殖民

with my
mother –
the war
1942

这张摄于荷兰的照片题字是"与我母亲——战争1942"。

地经商而致富,威廉明娜女王指派我的外曾祖父担任苏里南总督。咖哩就像茶一样,在家里司空见惯。这两种东西都是过往的美好记忆,而且依我外婆的看法,属于很美好的世界,她在那个世界高高在上,以超然脱俗的地位俯视芸芸众生。

外婆在和平之邸和我们一起住到1984年她去世为止,在冗长的午餐时分,她会以她一向的庄严态度品尝咖哩。这需要搭配复杂的仪式,简直就像喝茶一样,她每天都独自喝茶。因此我称她为茶外婆。

茶外婆在我们家有好几个专属房间,奉行一丝不苟的法则。她的卧室是独立的天地,像小女孩一样刷成粉红色,里面有香粉、水晶小瓶和摆放得井井有条的梳子。她有自己的节奏,花在女儿身上的时间绝不会多于履行职责所需。战时她从英国回故土躲避战火,没想到却正赶上德国入侵,使她不得不独力抚养孩子,但她从未动摇。那是非常艰苦的时期,没有男人在身边。她的丈夫在英国,姐夫奥托遭处决,而长子亚历山大加入起义的解放军地下组织,小儿子伊恩则被纳粹逮捕,送到柏林的工厂做工。外婆竭尽所能,和女儿一起经历这风暴。外婆的姐姐梅洁在丈夫奥托遇害之后与她们同住,给予了小奥黛丽很多母爱。

战争结束后,适应力极强的男爵夫人一心一意改善生活,一边协助女儿发展潜能——当时也有人说是逼迫。1948年,外婆和母亲由荷兰迁往伦敦,两人身上总共只有100英镑。那段时期,从花商到美容师,外婆做过各种各样的工作,为的就是圆我母亲的芭蕾舞者梦。不过,她关于不同社会阶级应该壁垒分明的观念从未改变过。

陪伴我母亲是外婆自封的任务,一直到最后始终如一。她从不宠孩子,只要她觉得有必要,就会责罚奥黛丽。我母亲最后必须接受她不可能成为独舞芭蕾艺术家的事实，但她很快就在《鞑靼酱》和《开胃酱》等几出时事歌舞剧中担纲主演。1951年时，她已经在几部欧洲电影和百老汇歌舞剧《金粉世界》中崭露头角，这是她第一次真正的突破。就在那几个月，她参加了伦敦松林制片厂的试镜，要在威廉·惠勒的《罗马假日》一片中饰演一位虚构王国的公主。茶外婆认为年轻的奥黛丽在那个"声名狼藉的环境"里，更需要洁身自爱。

我以为我知道母亲的一切——她的一生在我眼前流转——但外婆有她自己的秘密。她经常在国外，尤其是旧金山。她在那里担任义工，照顾自越南归来的士兵。

除了甜酸酱之外，外婆也会带玩具回来，而且总是最合我心意的玩具。她会在客厅沙发上陪我共度漫长的下午，讲暗杀、奇特的秘教仪式、妖魔鬼怪等种种可怕的故事给我听。她要我以勇气测验来挑战自己，简直就像与我同龄的玩伴一样。她严肃外表之下的那些例外让我很得意。说不定这位男爵夫人的外表下藏着一颗野丫头的心。

外婆和她的兄弟姐妹在荷兰多伦庄园宅邸一株倒下的树木上；由左至右为15岁的热拉尔、13岁的埃拉、4岁的威廉、朱诺德小姐、16岁的梅洁和家中木匠米登卓普，1913年。

茶外婆在餐桌上一板一眼，绝不马虎。咖哩和装着各色调料的小杯，以及令人不明就里的咸味果酱，使味道益发复杂。按照她的说法，你什么都得吃，但却不能全部吃完。永远要在你的盘子里留点东西。万一我肚子饿呢？预先吃点东西。那讨人厌的咖哩，就像是外婆与母亲之间神秘但持久的纽带，把我隔离在外。而就像所有无意中自孩提时代继承下来的小小冲突一样，我花了一点时间才了解并欣赏咖哩的无穷变化。

茶外婆的咖哩（Nonna Tè's Curry）

4人份

咖哩风味各不相同。事实上，根本没有"咖哩"这种东西，而是无止境的印度香料家族，以千变万化的方式混合，西方世界却因贫瘠的想象力，只将其划分为两大口味：浓郁与恬淡。这是一个简化的过程，在西方列强帝国时期，把次大陆的丰富味道带进了西方人的味觉。因此请主张正宗风味的人在继续往下读之前先原谅我们。

咖哩应预先在平底锅里烹制，或煮鸡时加入汤中。我们家的做法是细火慢炖、郑重其事，比较"殖民风格"。不过咖哩鸡的食谱兼容并蓄，各有千秋，各有意想不到的惊喜。每个人都能在盘子里以自己的方式搭配三种基本元素——鸡肉、米饭和调味料。

- 1整只鸡
- 2个洋葱，去皮
- 2根胡萝卜，去皮
- 1根芹菜
- 2瓣蒜瓣，去皮
- 半块生姜
- 半个青苹果，切丁
- 2大匙（14克）浓咖哩
- 2大匙（14克）淡咖哩
- 1罐（400毫升）椰汁，或希腊酸奶
- 2大匙（30毫升）特级初榨橄榄油
- 2大匙（28克）印度酥油或纯净黄油（参见"如何制作纯净黄油？"）
- 2杯（400克）印度香米
- 1颗丁香

建议调料

本食谱可依个人口味，随厨师想象力任意发挥

- 香蕉，切丁
- 糖渍柠檬
- 腰果
- 印度甜酸酱（杧果、酸橙等）
- 黄瓜，切丝
- 菠萝，切丁
- 葡萄干
- 绿皮密生西葫芦，焯水

鸡汤做法：把鸡、洋葱、胡萝卜、芹菜、蒜、姜、苹果和浓淡两种咖哩全部放进大锅，加水覆盖，并搅拌一下。大火烧开，接着转小火，至少煮45分钟。把鸡取出，置旁待凉。留400毫升准备煮饭的鸡汤，置旁待用。继续煮鸡汤和蔬菜30分钟收汁。加入椰汁，再煮30分钟，直到汤汁呈浓稠酱汁状。关火用搅拌器将蔬菜搅打成泥。用手撕去鸡皮，然后将肉从骨头上剥下，丢弃鸡骨。把鸡肉再放回锅里，轻轻搅动，直到热度均匀，注意保温。

煮饭方法：将油和印度酥油放入长柄锅中，加米略炒后，倒入备用鸡汤，将1颗丁香塞进剩下的洋葱中后放入锅中央，加盖，小火煮到米饭弹牙，约30分钟。

用不同的盘子盛放鸡和米饭上桌。用小碗或杯子盛好各种调料，摆在上菜的大盘周围，随食用者喜好自取。

如何制作纯净黄油？

无盐黄油切块，用蒸锅热水浸泡融化，不必搅动。用汤匙撇去浮沫，等透明的黄色液体与白色沉淀物分离时关火。把液体徐徐倒进耐热的容器，倒掉沉淀的杂质。纯净黄油可冷藏达三个月。大多数印度超市都可以买到印度酥油。

外婆穿着荷兰泽兰省的地方服饰，1913年。

创新做法

多丽丝·布林纳的咖哩（Doris Brynner's Curry）

2 人份

尤尔·布林纳的妻子多丽丝·布林纳是妈妈的知心好友，也是妈妈喜欢一起烹饪和交换食谱的少数几位朋友之一。不过她们料理食物的方式反映出二人截然不同的个性。妈妈有时在厨房里吹毛求疵，花许多功夫一丝不苟地遵照食谱的每一个步骤制作，而多丽丝总爱抄捷径，用些偷懒的方法做同样的菜色。在此忠实地抄写一段她为我口述的"她的"咖哩做法笔记，这种做法较快，在她和妈妈下午有事要做时就能派上用场。

- 1 块鸡胸肉
- 1 杯面粉
- 2 大匙特级初榨橄榄油
- 1 杯鸡汤
- 1 小匙（3 克）淡味咖哩
- 1 小匙（3 克）浓味咖哩

- 1 根胡萝卜，去皮切成小丁
- 1 个洋葱，去皮剁碎
- 1 大匙（20 克）杜果甜酸酱
- 半个苹果，去皮去核，切薄片
- 少许椰汁

把鸡肉切成小块，洒上面粉后油炸。鸡块炸至金黄时，倒入鸡汤，加入 2 小匙咖哩（1 匙淡，1 匙浓）、1 根胡萝卜、1 个洋葱、1 大匙甜酸酱和半个苹果，还有一点椰汁，将肉煮至软烂即大功告成。

> ### 🔵 烹调秘诀
>
> 妈妈认为所有菜肴都该有缤纷的色彩。"吃全白的食物没什么意思，"她会说，"对你的健康也一定不好。"
>
> 这逻辑无懈可击。妈妈爱用对比来调色。她会用绿色青菜搭配咖哩的黄色，用先焯后炒的花椰菜或菠菜，或者用味道细致的野苣来烘托而不是掩盖香料的强烈气味。我哥哥肖恩学会了这一招，用恐龙羽衣甘蓝搭配咖哩菜。

自左上顺时针：妈妈的外祖父母，也就是我的
外曾祖父母阿诺·凡·海姆斯特拉男爵和爱布
瑞·凡·阿斯贝克男爵夫人，摄于苏里南，约
1924年，外曾祖父时任苏里南总督；乌得勒支
附近小城多伦郊外的多伦庄园宅邸，约1930
年；尤尔·布林纳、多丽丝·布林纳、英国演
员兼剧作家诺埃尔·考沃德、我妈妈；外曾祖
父在苏里南，1920年代；外婆和她的弟兄姐妹
照片的背后题字。

Wye
1946
'Leaving stuffed
for the right
Time after the
War

巧克力蛋糕：
象征自由的甜点

"面对现实吧。一块美味的奶油巧克力蛋糕对许多人意义非凡，对我也丝毫不例外。"

——奥黛丽·赫本

妈妈所拍最早的全身像之一，摄于荷兰解放后一年，1946年。

妈妈疯狂热爱巧克力，总把它放在起居室橱柜触手可及之处。尽管受过芭蕾舞者训练的她律己甚严，但只要碰到这甜蜜的诱惑，她总是（嗯，几乎必然）竖起白旗。她年轻时曾经自豪地宣布对巧克力的免疫力有了芝麻大的一点进步："要是我现在收到一盒好巧克力，也许可以忍耐一会儿，大约两小时。从前我总是马上一颗接一颗，直到全部吃光为止。"随着光阴流转，她变得比较收敛，但她每天晚上都会吃一点巧克力的嗜好，从未改变。

她解释自己的巧克力情结说，巧克力协助她"驱散悲伤"。孩提时代，她为了纾解父母争执所造成的压力，总会啃"指甲、面包或巧克力"。在一名加拿大士兵给她七根巧克力棒那天，她和其他许多人一样承受饥饿折磨的痛苦时期画下了句点。她狼吞虎咽吃掉那些巧克力，配上新成立的联合国人员带来的炼乳所做成的食物。那时她觉得反胃，因为胃已经空荡荡太久。那一刻一直是她对荷兰解放最鲜明的欢乐记忆。

在她的厨房里，巧克力占有特殊的地位。如果本书只能选择几道食谱，那必然是番茄酱意大利面和巧克力蛋糕。这是她的拿手好菜，而且她喜欢亲自制作，不顾向来独占料理台的厨师乔凡娜反对。但她在特殊场合才会动手，比如庆祝生日时才有的蛋糕。等我长大离家之后，只要一回来，她也会做。

不知为什么，妈妈的蛋糕和其他几种菜肴，留到第二天会更美味。我常常蹑手蹑脚到厨房里偷最后几块蛋糕，却发现总是有人捷足先登。

如何制作掼奶油？

· 1升新鲜多脂奶油
· 50 克糖

奶油必须越冷越好，因此在制作前，先把奶油、搅拌棒，以及一个不锈钢碗或陶瓷碗或塑胶大碗放在冷藏室里冷藏几分钟。等准备搅拌时，把冷藏奶油和糖加入冰过的碗中，搅打奶油，让搅拌器逐渐加速，但在奶油变成黄油之前停下。"搅拌盆测试"可确保万无一失：将碗倒置，如果奶油不会滑动，就大功告成。

掼奶油巧克力蛋糕

（Chocolate Cake with Whipped Cream）

制作 1 个蛋糕（10 或 12 英寸），12 人份

这个不用面粉的蛋糕厚度薄而湿润，不过应该会有一层脆皮。上桌时撒上糖粉，配以自制掼奶油或一碟香草冰激凌。

· 300 克无糖黑巧克力，切碎
· 60 克全脂奶（够软化巧克力即可）
· 1 块（120 克）无盐黄油，切成小块，多备一些涂抹烤盘用
· 8 个鸡蛋，蛋黄和蛋清分开
· 1 杯（200 克）糖
· 面粉（撒在烤盘上）
· 糖粉

烤箱加热至200℃。10 或 12 英寸圆烤盘涂抹上黄油，撒上面粉。

在双层蒸锅里用牛奶融化巧克力。加入黄油，搅拌均匀。关火，加入 8 个蛋黄，混合在一起。另取一碗，徐徐把糖加入蛋清中，搅打均匀发硬。轻轻把蛋清搅到巧克力和蛋黄的混合物中，然后倒入准备好的烤盘。

在加热完成的烤箱里烤 30 分钟。关掉烤箱，打开烤箱门，将蛋糕在里面留置几分钟（避免脆皮龟裂）。从烤箱里取出蛋糕，放凉约 10 分钟，然后倒出烤盘。至完全凉透才可上桌。撒上糖粉，配上掼奶油或香草冰激凌。

多米的蛋糕（Domi's Cake）

制作 1 个蛋糕（10 或 12 英寸），12 人份

我母亲去世后，她的蛋糕成了绝响，再也无处可尝。我四处搜寻食谱，但总做不出一模一样的成品：不是太蓬松，就是太干。可是有一天——大约 10 年之后——我在罗马又尝到了妈妈的味道。那是我初次踏入后来成为我妻子的年轻女郎家中，尝到如今成为我岳母的贝贝拉精心制作的蛋糕。我妻子多米·蒂拉开发了她个人独特味道更浓郁的做法。妈妈的蛋糕和多米的蛋糕真正不同在于巧克力翻糖。

蛋糕材料
· 210 克无糖黑巧克力
· 6 大匙（90 克）无盐黄油，多备一些涂抹烤盘用
· 3 个鸡蛋
· 180 克糖
· 3 大匙（25 克）面粉

翻糖材料
· 180 克无糖黑巧克力，切碎
· 100 克无盐黄油
· 2 大匙（30 毫升）牛奶（够融化巧克力即可）

烤箱加热至 200℃。10 或 12 英寸圆烤盘涂抹好黄油。

制作蛋糕：把 180 克巧克力切碎，在双层蒸锅里用奶油融化巧克力。取一个中碗，轻轻混合蛋和糖，再加入面粉和 3 大匙水，最后加入融化的巧克力浆。把剩下的 30 克巧克力削薄，加入碗内。将面糊倒入准备好的烤盘，烤 20 至 30 分钟。

制作翻糖：在双层蒸锅里用小火融化巧克力、奶油和牛奶，轻轻搅拌至均匀。用抹刀把浓稠的混合物抹在蛋糕上。在室温中放 10 分钟待凉，再把蛋糕放进冰箱让翻糖硬化。虽然热量很高，但味道无穷。

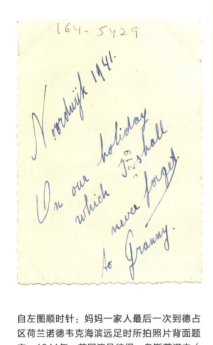

自左图顺时针：妈妈一家人最后一次到德占区荷兰诺德韦克海滨远足时所拍照片背面题字，1941年；英国演员彼得·乌斯蒂诺夫（左）、恩格拉西亚、妈妈，为克里斯莎·罗斯庆祝生日，和平之邸；妈妈和爸爸为我庆祝1岁生日，罗马，1971年。

融化巧克力

融化巧克力的方法并不复杂，但得遵守一些规则。首先是巧克力不能在热源上直接加热。有些人用微波炉加热，但用双层蒸锅融化巧克力的效果好得多。融化的巧克力的甜美气息氤氲全屋，意味着触手可及的快乐，令人回味无穷。

"她总是吃同样的早餐：两个水煮鸡蛋，健康食品店买的七种谷物全麦土司一片，三四杯热牛奶咖啡。"

——《好家政》杂志，1959年

"如果只有她一个人在家，她就在床上吃早餐。我会准备咖啡、牛奶、土司（有时是五种谷物的土司），她最爱的是樱桃果酱、几圈黄油，而我总会顺便放上一朵从我们的花园摘下的小玫瑰。"

——罗琪塔·奥鲁纳苏

2

好莱坞：

发现新天地

在家吃早餐：
老派作风

妈妈总是一大早就起床。没息影时她觉得："他们迟早会发现选错了人，打发我走路。"为了摆脱这种恐惧，她总是起得比"他们"更早，以便背熟台词。为了在片场容光焕发，无懈可击，不会被一丝一毫的负面情绪破坏她的笑容，她得在清晨4点多起床，集中精神。

妈妈就像任何睿智的家庭医生一样，深谙营养早餐的重要。她从不会不吃早餐，即使在每个月一次的"排毒"日，只能吃原味奶酪和苹果泥也不例外。

她知道怎么说服人。我小时候，她会把黄油面包切成小块——说是"手指头"——拿来蘸半熟的水煮蛋。然而在我心目中，她的早餐不只是那些烤面包而已。

在她的暮年的清晨时光也是谈心的时间。如果肖恩和我在和平之邸，我们会在厨房吃早餐。她会穿着睡衣下楼来，享用一块玛德琳蛋糕和拿铁咖啡，同时打开话匣子，不知不觉中，闲聊变成了告解。

前跨页图：妈妈和她的哥哥伊恩，在罗马附近的别墅，为她与梅尔·费勒度蜜月所租，1954年；对页图：《双姝艳》排演，约1951年。

一天，她很不自在地和我谈起她与我父亲离婚的痛苦心情。我在早餐桌上对她有了更深的认识。

　　但早餐未必总是在谈事情。如果出远门刚回到家，或者正好碰上星期天，作为荷兰加尔文基督教徒的她就享受一点难得的小奢侈，以在床上用早餐开启休息日，这就像是她对自己的犒赏。如果托盘上摆满各种美食，例如自制的玛德琳蛋糕、木梨果冻或樱桃果酱，搭配烤面包、咖啡、牛奶和黄油，再加上小瓶里插一朵花园里摘来的玫瑰，一旁还放着《国际先驱论坛报》，那么她会更加心满意足。

西班牙马尔贝拉的早餐桌。

Madelaines

4 uove

½ BB zucchero

  mischiare bene
    vaniglia

4 Bianchi Battuti

aqiongere

  ½ lB. Burro

  ½ BB farina

1942   Manon van Suchtelen

自左上顺时针：自家玛德琳蛋糕食谱；爸爸
和我，罗马，1970年；母亲在战时的独舞表
演，阿纳姆，1942年；妈妈给我喂奶，和平
之邸，1970年。

玛德琳蛋糕（Madeleines）

12 个

玛德琳蛋糕源自法国。根据浪漫传说，来自贡梅西镇的宫廷甜点师玛德琳发明了这种蛋糕，法国国王路易十五以她的名字为这款蛋糕命名。后来普鲁斯特让这个蛋糕登上文学殿堂，当他将一块玛德琳蛋糕蘸着茶水吃完后，开始有了《追忆逝水年华》的灵感。不过妈妈的玛德琳食谱不太正统，明显带有英式松饼的风味。

· 半杯（70 克）面粉，多备一些撒在玛德琳烤盘上
· 4 大匙（50 克）糖
· 1 小匙（5 克）酵母粉
· 1 个鸡蛋
· 2 大匙（30 毫升）牛奶
· 50 克融化状无盐黄油，多备一些涂抹在玛德琳烤盘上
· 12 杯松饼烤盘或 12 格玛德琳烤盘

烤箱加热至200℃。在松饼烤盘上放入纸托，或玛德琳烤盘上抹匀黄油并撒上面粉。

在碗里混合面粉、糖和酵母粉。将蛋打散，加入牛奶和融化的黄油；拌匀后倒入已混合的粉料中搅拌均匀。覆盖上保鲜膜，冷藏 30 分钟。

把面糊倒入准备好的松饼烤盘或玛德琳烤盘（如使用松饼烤盘，面糊加到半满即可）。玛德琳烤至金黄，约 20 分钟，从烤盘内取出，放凉后上桌。

创新做法

要增添玛德琳的风味，可把三分之一的面粉换成等量的无糖可可粉，或在面糊中加入一些巧克力豆脆片。

 如何用烤箱为瓶罐消毒？

烤箱加热至130℃。把彻底清洗干净的瓶子和罐子放入烤箱烤 20 分钟。关掉烤箱，瓶罐放凉。

木梨果冻（Quince Jelly）

3 瓶（250 毫升 / 瓶）

· 1 千克木梨
· 1 颗柠檬榨汁

· 700 克糖

木梨洗净切开，去除多绒毛外皮，去核去梗。置于锅中，用水（不多于 2 杯）覆盖。小火煮至果肉变软，约 1 小时。取一滤勺放在碗上，衬上棉布，让木梨在室温中滤至少 8 小时，甚至整晚。把糖浆倒入中型长柄锅，小火加热；丢弃果肉。每 1 升糖浆加入柠檬汁和 700 克的糖；搅动糖浆使之混合。小火慢煮至糖浆浓稠如果冻。倒入消毒完毕的罐子。（参见前页"如何用烤箱为瓶罐消毒？"）

樱桃果酱（Cherry Jam）

4 杯量

· 1 千克樱桃
· 1 颗柠檬，去皮榨汁

· 500 克糖

清洗樱桃，去除梗和果核。和柠檬皮一起放进大碗，加入 2 大匙柠檬汁、糖（每0.9 千克樱桃约加 500 克），搅拌之后冷藏过夜。

第二天早上除去柠檬皮，把樱桃和果汁倒入锅里，小火煮约 1 小时，不时搅动并适时撇去浮沫，直到浓稠如果酱。要确定已达足够的稠度，可用碟子测试：取一点果酱放在冷盘子上，然后倾斜；如果果酱不会往下滴，并维持原有的形状，就表示稠度足够。把果酱放进蔬果研磨机；喜欢有颗粒口感者，只要磨一半即可。将果酱装入已消毒好的玻璃罐。盖上盖子，上下倒置（以创造真空），至完全放凉。直立起来，存放在阴凉干燥处。

红鸡：
比弗利山庄奇幻乐园

"我们在洛杉矶总是走很多路。我们常去威廉姆斯－索诺玛家居用品店，奥黛丽非常喜欢这个摆满厨房用品的商店。有一天我们到蒂凡尼去取她送修的戒指，店员问她有没有身份证明，奥黛丽微笑回答：'我的脸孔。'"

——康妮·沃尔德

妈妈在康妮·沃尔德比弗利山的家中拍照，1984年。

加州是十全十美的度假地。在洛杉矶，妈妈什么事都不用担心，她的朋友康妮会照料一切。罗伯特·瓦格纳告诉我："奥黛丽来这里的时候，你得通过康妮才能见她。你妈妈会竭尽所能，只和一些好友待在家里。"

1980年，妈妈就是在那里认识了罗伯特·沃德斯，那是康妮招牌的"家宴"，除了她的儿子们、我哥哥肖恩，在座的还常有导演威廉·惠勒和比利·怀尔德。1992年深秋，妈妈从洛杉矶西达赛奈医学中心出院，在最后一次搭飞机回到和平之邸前，她在康妮家再次感受到了家的温暖。

康妮事事都很擅长，还很会逗弄一个来自罗马的孩子，叫我"che dice？ che dice？"（"她在说什么？她在说什么？"）

因为我一天到晚把这个句子挂在嘴边，到处央人帮我翻译。我儿时一个英文字母也不认识，偶尔会引起误会。我记得父母亲分居时，贾尼·阿涅利用英语问我如何应对。这位人称"Avvocato"（律师）的实业家是意大利最有权势的家族的家长，他的家族创立了菲亚特汽车公司，并一直是这家公司的老板。他没料到我竟回答："抱歉，我听不懂。"他一定以为我是小外交家，对这种恼人的问题故意避而不答，因为"奥黛丽的儿子"不会说英语，实在令他不敢相信。

妈妈和我在康妮家，1979年。

其实我真的一个字都不懂，因为我们在家说的是自己家人才用的意大利语和法语的混合语言。不过在洛杉矶这毫无问题，因为我置身梦幻乐园，早上有彩色卡通，迪士尼乐园就在一墙之隔，还有各色各样我在罗马梦寐以求的玩具。好莱坞在我的印象中比较模糊，而且没那么有趣。有时哥哥会告诉我："注意，詹姆斯·斯图尔特今晚会来吃饭！"可是我连他是谁都搞不清楚。

尽管如此，3月底的一个晚上，我发现大家都要去奥斯卡颁奖典礼——除了我——依然令我不高兴。那是1976年，妈妈在多萝西·钱德勒音乐厅颁发最佳影片奖。那年得奖的是《飞越疯人院》，这让她非常高兴，因为她从小看着那部片子的制片人迈克尔·道格拉斯长大。

如今回顾起来，颁奖典礼当然值得去参加。不过当时我半嗔半喜，一方面因为不用穿西装打领带而松口气——就像所有6岁小孩一样，我讨厌打扮；另一方面因为被排除在难以理解的兴奋气氛之外，感到嫉妒。

对我来说，加州不容错过的活动发生在其他地方：在户外是阳光下漫长的散步，在屋里则是于电影放映室和厨房间跑来跑去，康妮在厨房里教我怎么洗碟子而不浪费水和洗洁精。她在那里做的拿手好菜，依旧带我回到那些难忘的假期：伏特加番茄酱意大利面、苹果奶酥，以及令人垂涎的"红鸡"。

自左上顺时针：妈妈和康妮·沃尔德，以及比利
和奥黛丽·怀尔德，1991年；与康妮的哥哥巴
伦·波兰，1979年；与罗宾汉合影，迪士尼乐
园，1979年；与康妮合影，1979年；与导演比
利·怀尔德和查尔斯·奇沃维兹医生，1983年；
与我父亲和康妮；与康妮的长子安德鲁，1978
年；康妮所拍的一张妈妈在晚上外出前的"经典"
楼梯照，1984年。

红鸡

（Red Chicken）

6 人份

番茄越好，"红鸡"的味道就会越美。要做意大利风味酱汁，最好的番茄绝对是圣玛泽诺品种，这种番茄产于意大利南部的坎帕尼亚，长椭圆形，味甜。超市有售各种品牌的圣玛泽诺番茄罐头，如果想要保证质量，可以选择有 DOP（法定产区认证）标志的意大利产品。

· 特级初榨橄榄油
· 1 个洋葱，去皮剁碎
· 3 根红辣椒，剁碎
· 800 克去皮整颗番茄，圣玛泽诺品种最佳

· 4 片去皮无骨鸡胸肉
· 1 杯（240 毫升）不甜的苦艾酒
· 盐
· 现磨黑胡椒
· 干罗勒

在中型长柄锅上均匀涂抹上橄榄油，中大火爆香洋葱末，再加入红辣椒和罐装番茄搅拌，加热至沸腾；转小火慢炖，不时搅动，煮 15 分钟。酱汁放凉，并把鸡胸肉放入酱汁中。加盖放入冰箱，腌制约 8 小时。

烤箱加热至 180℃。在中型烤盘中加入两大勺酱汁（剩余酱汁可弃置），再加入鸡胸肉，倒入苦艾酒覆盖鸡肉。以盐、胡椒和罗勒调味。覆上铝箔纸，烤 1 小时。

创新做法

从椰汁可以调和辛辣咖哩味的泰国，到传统墨式烤鸡呛人热泪的魔鬼辣椒，在世界各国的料理传统中，"红"都意味着辛辣。可是在意大利，红通通的那不勒斯比萨式番茄酱汁是小朋友的最爱（连罗伯特也为之疯狂）。妈妈很会做这种酱，而且经常用鸡胸肉来替代传统的牛肉。

平底锅中倒入适量橄榄油，开中大火。煎黄 1 瓣去皮蒜瓣，再加入 400 克去皮整颗番茄、1 小匙干牛至、1 把新鲜欧芹末，盐少许。煮几分钟使酱汁浓稠。加入 450 克薄牛肉片或小牛肉片。盖上锅盖，转小火煮 10 分钟，过程中搅动肉片一次。如果酱汁如想象中美味，不要浪费，可以用面包蘸酱汁食用，让你的盘子清洁光光。

对页图：康妮·沃尔德的比弗利山住所素描，用在一张贺卡上；右图：左起，厄尔·麦克格拉斯、安德鲁·沃尔德、苏珊·沃尔德、我、罗伯特、康妮和妈妈。

伏特加番茄酱意大利面：
出门在外的家

"只要她来我们家做客，我们一定会做这道菜。我们通常是
在厨房晚餐，意大利面食接着是棉花糖巧克力……奥黛丽把我
们在比弗利山的家当成她'出门在外的家'。她在特洛什纳买
房子时，还请我们的建筑师帮她装修。"

——康妮·沃尔德

我所知的奥黛丽·赫本住的地方与好莱坞天各一方，但她
在洛杉矶有了生平第一间属于自己的小屋，远离外婆的监督。
她到那里拍摄《龙凤配》（1954）时，在威尔夏大道以每月
120 美元的价格承租了一间小公寓。"我最大的快乐，"她说，
"就是打开大门，发现对街的商店下午送来的新唱片。我会换
上舒服的旧衣服，一边烹饪，一边放新唱片听。"

那必定是她真心喜爱的地方。我记得她来看我在罗马租的
第一间小公寓时，她流露出十分感动的神色："你永远不会忘
记这一刻。"我相信她一定也是一样，不过她在洛杉矶并没有
找到真正的归属感，直到她在康妮·沃尔德那里找到了"出门
在外的家"。

安德鲁和我妈妈在比
弗利山沃尔德家外面。

康妮是妈妈的知交，也是妈妈喜欢一起烹饪的两个人之一——另一位是多丽丝·布林纳。康妮嫁给了知名制片人杰瑞·沃尔德。在好莱坞忙碌的日子，她会说，好莱坞"成了睡眼蒙眬的小城……大家每天一早就要赶到片场去，只有周六晚上才能请客"。最好的晚餐就在康妮家，1940年代初，你在她家可能会碰上克拉克·盖博、琼·克劳馥，20年后，进出她家的则是比利·怀尔德和威廉·惠勒。自五六岁开始，我也加入其中。

妈妈和康妮在康妮的
比弗利山外面。
对页图：妈妈和小狗
"著名先生"在比弗
利山。

妈妈在康妮家和朋友聚首，在厨房里待上几个小时，闲话家常，交换食谱。其中最美味的一道是伏特加番茄酱意大利面，据说——可能是想象而非事实——这道菜与好莱坞的黄金岁月息息相关，因为它源自方兴未艾的电影业刚迁到好莱坞山上追寻阳光之时。

当时有一群意大利人协助建立了电影王国。化妆师、摄影师、服装师，以及其他需要发挥创意的人才，从电影业萌芽开始就一直在那里，迄今依然。传说有些特效鬼才为伏特加番茄酱意大利面做了一番贡献：为了让表演受伤情节的演员伤势更闪亮，透过镜头有更好的反射效果，他们用伏特加来稀释番茄汁。结果在拍摄过程中，有人拿剩余的"血"来为自己的意大利面调味。

虽然我们相信这个说法，但这道菜的起源还有其他版本。这个问题比较严肃，而且常有争议，在此简短说明如下：博洛尼亚的达丹特餐厅宣称这道菜的食谱是由他们所发明，但意大利裔美籍厨师路易吉·弗兰泽塞也说是他发明的，并称它为"俄罗斯茄汁管面"（因为掺了俄国伏特加）。根据他的说法，这道菜是他在杰奎琳·肯尼迪和小山姆·戴维斯等名人常造访的知名纽约奥尔西尼餐厅所创，不知道是不是经常和小山姆·戴维斯厮混的"鼠党"把它从美国东岸带到西岸来的？

无论如何，这道菜是妈妈在洛杉矶最爱的两家餐厅——斯帕戈餐厅和哈姆雷特汉堡餐厅的招牌菜。斯帕戈位于日落大道，是加州菜先驱，也可能是全市名流最集中的地方，每年奥斯卡颁奖典礼之后，经纪人拉萨总在这里办庆功宴，没人会错过这个盛会。这家餐厅的本店已经关门，象征如今已经消失的好莱坞，现在明星都到比弗利山的分店聚会。

　　在当年的岁月里，不论是在斯帕戈餐厅、在康妮家，或是在别的地方，没有伏特加番茄酱意大利面，就称不上欢乐的夜晚。后来它被打入冷宫，可能是出于健康狂热分子的偏见，他们忌讳原食谱中大量使用的乳脂和伏特加。然而，这道面食依旧值得回味，即使只为了重新品味那越陈越香的味道。

伏特加番茄酱意大利面

（Penne alla Vodka）

4 人份

- ⅓ 个洋葱或半根葱，去皮剁碎
- 少许压碎的红辣椒
- 80 克无盐黄油
- 1 杯（230 克）番茄泥
- 半杯（120 毫升）优质俄国伏特加
- 半杯（120 毫升）浓鲜奶油
- 粗海盐
- 500 克细笔管面
- 30 克帕尔马干奶酪，磨碎

在煎锅中用黄油中火爆香洋葱和辣椒片。加入番茄泥，转小火煮几分钟，再加入伏特加。煮 15 分钟后加入鲜奶油。同时另煮一大锅水。水开后撒 1 把粗海盐，加入笔管面。面煮至弹牙，用滤勺滤掉水分，将面倒入酱汁中。开大火，与酱汁同炒 1 分钟，轻拌至酱汁完全包裹面条，撒上帕尔马干奶酪即可上桌。

创新做法

你也可以用橄榄油取代黄油，并把鲜奶油的量减半，让口味清爽，也可以试试下面两种具有代表性的创新做法，让酱汁更浓郁。

创新做法 1

1 厚片意式培根剁碎，加入洋葱和红辣椒片，用奶油煎至褐色。其余步骤同上。

创新做法 2

用黄油、洋葱末和半杯伏特加快速煎熏三文鱼薄片。让酒精蒸发，加入鲜奶油。

自左上顺时针：妈妈和《完美宴客食谱》作者米尔德里德·克诺夫在康妮家；与米尔德里德及其丈夫好莱坞制片人埃德温·克诺夫在比弗利山庄；与影星加里·库珀之妻洛琪·库珀，1961年；米尔德里德·克诺夫在《完美宴客食谱》中给我妈妈的题词；与安德鲁·沃尔德及其招牌菜苦艾酒香烤三文鱼。

to
Audrey Hepburn Ferrer —
not only because she is
making my dear friend
Mel so happy,

not only because she
has given me so much
joy as an artist,

but because she is
first, as herself, a
rare and lovely
human being.
Devotedly,

Mildred O. Knopf

神圣的马苏里拉奶酪……
以及剩下该怎么处理

妈妈对马苏里拉奶酪的态度像真正的意大利人一样认真。她懂得奶牛奶酪（以牛奶为原料）和布法罗奶酪（以水牛奶为原料）的不同，蛋形和辫子形的差异。她喜欢后者，因为较精致且正宗。尤其她了解怎么区分真正的马苏里拉奶酪和全球各地无数仿制品的差别。在罗马，她有信任的商店：位于科里纳路上的安东尼奥·米克奇老牌奶酪店和位于帕里奥利大道的加尔加尼熟食店，离我们家不远，她会派乔凡娜去用"最好的"价格买几块。

优质马苏里拉奶酪最好在制成当天趁新鲜食用，可单吃，也可搭配番茄。妈妈为她的朋友露西亚·桑贾斯特设计了"卡布里式"吃法，在这道食谱中做了（像意大利国旗的）三色变化。

朋友都称露西亚为"西亚"，她娇小玲珑，弱不禁风。她决定涉足酿酒业时，包括我父亲在内的朋友，都以典型的罗马

妈妈在罗马市郊的罗利庄园当酿酒师，1954年。

风格开她玩笑，尤其那个年代，罗马还不像现在家族庄园酿酒蔚然成风。在尚无先例的情况下，她的抉择更显得鲁莽。

西亚决定在她的酒庄出产第一批酒的同时，要出版一本由她最有名的朋友们执笔的食谱。妈妈在传统意大利卡普里沙拉中，加了一点外国风味，以鳄梨的绿加上番茄的红和马苏里拉奶酪的白。这是很具创见性的创新，因为鳄梨降低了番茄的酸，又和马苏里拉奶酪的白一样浓郁香软。

西亚的酒大受欢迎，从此以后，她的托丽娜红酒和加拉托纳红酒屡屡获奖，即使标准最严格的葡萄酒专家也给她最高分。她的皮特罗酒庄位于托斯卡纳扬地面向瓦尔达诺·阿雷蒂诺的山坡上，后来成为英国超级名厨杰米·奥利弗的意大利营运总部。

三色卡普里沙拉

（Tricolore Caprese Salad）

4 人份

母亲的经典菜色之一，她用作开胃菜。

· 500 克水牛奶马苏里拉奶酪，
  切成 0.6 厘米薄片
· 2 中颗熟鳄梨，去核去皮，
  切成 0.6 厘米薄片
· 2 大颗熟番茄，切成 0.6
  厘米薄片

· 特级初榨橄榄油，浇撒用
· 巴萨米克醋，浇撒用
· 细海盐
· 1 把罗勒叶，撕碎

轮流把马苏里拉奶酪片、鳄梨片和番茄片排盘。全部浇上橄榄油和巴萨米克醋，加盐调味，再撒上罗勒叶。

对页图和下图：妈妈
和她的哥哥伊恩，
在岁利庄园共度下
午，1954年。

酥炸马苏里拉奶酪
（Mozzarella in Carrozza）

4 人份

和所有的意大利小孩一样，我爱吃酥炸马苏里拉奶酪，奶酪经过油炸，在叉子上牵丝拉线。

- 2 杯橄榄油，油炸用
- 8 片三明治白面包，去面包皮
- 450 克马苏里拉奶酪，切薄片
- 2 片油渍凤尾鱼排
- 2 个鸡蛋
- 半杯（120 毫升）牛奶
- ¼ 小匙细海盐
- 半杯（70 克）中筋面粉

起锅烧油，中火热油至180℃。在 4 片面包上放马苏里拉奶酪和半片凤尾鱼排，再把剩下的面包盖在上面。如果马苏里拉奶酪溢出面包片，切除多出的部分。碗里加入蛋、牛奶和盐搅拌。先小心地把三明治裹上面粉，再浸入搅拌好的蛋奶汁。把三明治放入油中炸，不断翻面至呈金黄色。

马苏里拉奶酪蛋
（Eggs with Mozzarella）

1 人份

如果妈妈独自在家，又要赶时间，就会在厨房为自己准备这道菜。她会以蔬菜配菜搭配这道简单清淡的菜肴。

- 无盐黄油，涂抹用
- 1 个鸡蛋
- 1 片马苏里拉奶酪，常温保存

烤箱加热至180℃。小烤盘（法式迷你砂锅）涂抹上黄油。

把蛋打进加热完成的烤盘，再放上 1 片马苏里拉奶酪。烤盘放进装一点水的大盘上，以免蛋煮过火。放进烤箱，烤到马苏里拉奶酪融化。

如何选择马苏里拉奶酪并保持新鲜？

在意大利电影《贫穷和尊贵》（1954）中，伟大的那不勒斯喜剧演员托托派朋友去市场买马苏里拉奶酪，他的指示如下："拿起马苏里拉奶酪捏一下。如果有水渗出来就可以买，不然就不要。"

如今大概很难找到肯让你这样做的店家了，但还是应该遵循一些规则——就和我妈妈遵守的原则一样，她对其他食物要求不多，对马苏里拉奶酪却十分严格。

第一个基本的重点是，要区别用意大利地中海水牛的牛奶制作的水牛奶马苏里拉奶酪，以及用一般牛奶制作的牛奶马苏里拉奶酪。水牛奶马苏里拉奶酪是大家的最爱，产于意大利南方的坎帕尼亚区，尤其是卡塞塔省、萨莱诺省、拉齐奥区南部，还有普利亚和莫利塞区的部分地区。DOP 认证标记是马苏里拉奶酪产地和质量的保证。水牛奶马苏里拉奶酪要保存在它原本的盐水内，放在凉而不冷之处，不可低于 5℃。除非是夏天，否则最好不要冷藏。万一已放进冰箱，就把原本用来保存的盐水加热，然后放入奶酪，浸泡 5 分钟。

一般的马苏里拉奶酪比水牛奶马苏里拉奶酪干，因此适合烹饪，以及用于酥炸马苏里拉奶酪、马苏里拉奶酪蛋，或者用来做比萨。

马苏里拉奶酪有各种形状——圆的、椭圆的、结状、辫状、小樱桃状——大小从不到 30 克，到 1.8—2.7 千克。也有烟熏口味的，味道就像另一种颇受欢迎的意大利波芙拉奶酪。最后还有意大利南部普利亚区的特产布拉塔奶酪，奶味比马苏里拉奶酪更浓郁，因为它是以新鲜的乳脂加上小块奶酪凝乳制作而成。

西班牙番茄冷汤和蛋饼：
第一次跟妈妈去片场

恩格拉西亚活脱脱就是西班牙大导演路易斯·布努埃尔片中走出来的人物。她幼时罹患怪病，6岁才开始学走路。我回忆儿时对她的记忆，只记得她无比神奇的康复过程：一位牧师来看她，在她手掌上郑重其事地画了个十字，简直像驱魔一样，然后她就能站立了。不过她依旧有一双泪注注的眼睛，隐藏在超厚的眼镜片后面。

恩格拉西亚在1960年代中期来到我母亲家工作，我想是通过母亲第一任丈夫梅尔·费勒庞友的介绍。梅尔是西班牙裔古巴籍外科医生之子，在西班牙的马尔贝拉有一处房产，他混迹西班牙裔文艺圈，常和他一起打猎的有西班牙著名斗牛士路易斯·米格尔·多明戈，以及墨西哥画家鲁菲诺·塔马约。

恩格拉西亚和我母亲长年聘请的厨师乔凡娜·奥鲁纳苏恰恰相反。乔凡娜健谈、情绪化、依赖我母亲，恩格拉西亚则严厉、不露情感，十分独立。她的观察力很敏锐，凡事只要一瞥便了然于胸。我记得在某些难过的日子里，恩格拉西亚会趁乔凡娜还来不及问我问题之前，就阻止她说："让他安静一下吧，你看不出来他和女朋友吵架了吗？"

妈妈穿着全套骑马装，西班牙，1965年4月27日。

恩格拉西亚和妈妈最疼爱的杰克·罗素梗犬佩妮。

恩格拉西亚并不畏惧我母亲，她一向有自己的生活。而且对她一定要尊重，我可以捉弄乔凡娜，但若我惹恼了恩格拉西亚，她会用手指着我的喉咙说："你再试看看，我会把我弟弟从托莱多叫来，他有把和这只手一样大的刀。"

她来我们家担任母亲的管家。她是天生的裁缝，会用古老的手艺修补任何材质的任何破损，一点痕迹都看不出来。

她也在厨房帮忙，并且有她自己的一套规矩。她吃鱼头和鱼尾，包括鱼眼睛，认为那是最好的部位。不过在乔凡娜的地盘上，连我母亲都不敢造次，恩格拉西亚当然小心翼翼，免得惹毛了大厨。

可是只要乔凡娜不在家，恩格拉西亚就会做一些传统的西班牙拿手菜：任何场合端出来都受欢迎的土豆洋葱蛋饼，以及传统农民在夏天食用的西班牙番茄冷汤（安达鲁西亚风味的冷汤）。

我们应该是在 1975 年苦夏尝过这道汤。那个夏天，妈妈第一次带我到拍片现场。那是位于西班牙北部城市潘普洛纳的郊区，海明威小说处女作《太阳照常升起》中的精彩段落"斗牛"场景发生地。

这一外景是为《罗宾汉与玛莉安》（1976）而选，因为它很像舍伍德森林，可是那年夏天燠热异常，绝非诺丁汉居民所能想象。我还有一段超现实的记忆，就是筋疲力尽的小鸟热到从树枝上掉了下来。不过这一切都不能压抑我的兴奋之情。

当时我 5 岁，在这之前，妈妈和"詹姆斯·邦德"一起演出，听来实在太酷了。可在现场我却疑惑为什么肖恩·康纳利是在妈妈身边而非爸爸身边，因为那才比较正常。后来我自己得出了答案：因为爸爸没有合适的衣服。

上图：妈妈和一群不认识的小孩
在西班牙，1960年代；右图：恩
格拉西亚送上主厨蒂娜的知名冰
激凌供康妮享用，和平之邸。

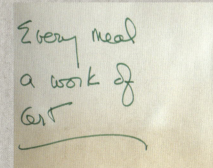

Every meal
a work of
art

西班牙番茄冷汤

（Gazpacho Andaluz）

4 人份

- 1 杯（200 克）放硬的白面包，去皮切成小块
- 半杯（120 毫升）雪利酒醋
- 1 千克熟透的番茄，去皮去籽，切细丁（参见下方"番茄去皮方法"）
- 4 大匙（60 毫升）特级初榨橄榄油
- 细海盐
- 塔巴斯科辣椒酱
- 半个青椒，去籽切碎
- 1 根黄瓜，去瓤切碎
- 半颗红洋葱，去皮剁碎
- 1 瓣蒜瓣，切末

调料如下：
- 青椒切片
- 面包屑
- 细黄瓜丁
- 水煮蛋
- 洋葱薄片
- 番茄片

把面包浸入醋中泡软，再挤掉多余的醋液，置旁备用。番茄切丁，放入搅拌机中打成泥。加入橄榄油，以适量盐和塔巴斯科辣椒酱调味，然后搅拌。加入青椒、黄瓜、洋葱、蒜、备用的面包，搅拌至混合物呈浓汤状。

放入有盖汤碗中冷藏数小时。在每个人的汤碗里各加几块冰，让冷汤上桌时接近冻结状态。冷汤的大汤碗四周用小杯子摆放调料。冷汤应放在深汤碗中，以匙食用。若喜欢较稀一点（只要搅拌久一点），可用玻璃杯或茶杯盛装，作为别出心裁的开胃饮料。

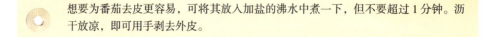

番茄去皮方法

想要为番茄去皮更容易，可将其放入加盐的沸水中煮一下，但不要超过 1 分钟。沥干放凉，即可用手剥去外皮。

土豆洋葱蛋饼

（Tortilla de Patatas y Cebolla）

4 人份

· 2 大匙（30 毫升）特级初榨橄榄油，
  多备一些
· 3 大颗土豆，去皮切薄片
· 1 颗白洋葱，去皮切碎

· 细海盐
· 牛至、细香葱、百里香、罗勒，剁碎
· 4 个鸡蛋，打匀

在大煎锅里放入 2 大匙油，中大火烧热，加入土豆和洋葱煮 15 分钟，频繁搅动，然后转小火将土豆和洋葱煮至软烂。

用漏勺把煮好的土豆和洋葱移至大碗里，放入适量的盐。不沾锅中倒入橄榄油，小火热锅。把牛至等切碎的香料加入打匀的蛋中混合，再加进土豆和洋葱中，搅拌均匀。把拌匀的材料倒入煎锅，在炉子上方轻轻摇动煎锅，让蛋饼不致粘黏锅底。等它凝固之后，用另一个盘子盖住，翻面。再加一点油到锅中，把蛋饼轻轻滑入，让另一面煎至想要的熟度。蛋饼可趁热食用，但放凉至室温更是美味绝伦，尤其适合夏日午餐时在冷汤之后享用。

创新做法

上面的食谱是传统版本，这里介绍另一种煮土豆的方法：把土豆切成小方块而非薄片，加入洋葱，用比煮土豆片更少的油来烹煮，中途加水（或蔬菜高汤），覆盖过土豆和洋葱。土豆和洋葱煮至软烂，将多余汁水倒出。等土豆和洋葱煮好后，依上述食谱继续完成其他步骤。这种做法可使土豆更快软化，而且用油较少，吃起来更清淡。

烹调秘诀

以几片手工切片的西班牙黑蹄火腿和西班牙最经典的红椒腊肠圆切片来结束一顿西班牙风味午餐，感觉会更美妙。

"你知道砖头砸在头上的感觉吗？"

——妈妈谈到邂逅爸爸时说

3

罗马:

贤妻良母

土耳其式烤海鲈：
与父亲坠入情网

"真正的土耳其享受。"

——托尼·柯蒂斯

"很棒的餐厅！好极了，味道正宗！谢谢！"

——罗伯特·德尼罗

"谢谢。"

——奥黛丽·赫本

引自伊斯坦布尔潘代利餐厅墙上的照片题字

前跨页图：我父母亲在锡耶纳露天广场观看骑马比赛，罗马，1969年；对页图：妈妈在保罗－安尼克·威勒夫妇的游艇"卡利斯托号"旁游泳，土耳其，1968年。

我首次造访潘代利餐厅，是随一位土耳其朋友前往，那位朋友一心想让我见识一下这家位于伊斯坦布尔香料市场中心的老牌餐厅。只要往上走几个台阶，就能看到餐饮传奇的前哨基地，可以眺望金角湾和博斯普鲁斯海峡。

19世纪末，潘代利·乔班奥卢从安纳托利亚的一个村庄来到城市。他手艺精湛，做的肉丸天下无双，于是在一间蜡烛仓库开了他的第一家餐厅。当时是1901年，还是奥斯曼帝国统治的时代，不过现代土耳其之父凯末尔已经前来光顾。这只不过是这家餐厅名扬四海的开始，此后更有无数名流政要前来品尝美食。

Andrea Andrey

我父母亲在"卡利斯托号"上，土耳其，1968年。

餐厅墙面上贴着深蓝和浅蓝的伊兹尼克瓷砖，就像葡萄牙的阿兹勒赫瓷砖画一样。墙上还挂着一幅我父母亲的照片，是他们早期的合照。我第一次去时根本没注意到这张照片，后来是父亲的朋友寄了一张给我。

照片中，妈妈笑靥如花，爸爸则仔细地研究菜单。他们点了什么？我想象他纠结是不是还点经典纸包烤海鲈，而妈妈抱着冒险精神，点了酸奶烤肉串。

我最近才拿到这张照片，但时机正好，因为先前我可能不懂它的意义。在那段时期，我刚找出爸爸在游轮之旅初识妈妈时帮她拍的影片。爸爸常说他俩是在"以弗所和雅典之间"坠入爱河。

1968 年夏天，妈妈已经和梅尔·费勒分居一年，肖恩与父亲住在马尔贝拉，妈妈则在好友多丽丝·布林纳的怂恿下，接受几个朋友的邀请，和他们一起乘游艇出海旅行。他们登上了"卡利斯托号"，这艘船属于保罗－安尼克·威勒及其妻奥林匹娅·托隆尼亚所有。保罗－安尼克是法国传奇实业家保罗－路易·威勒之子，葛丽泰·嘉宝常开保罗－路易·威勒的玩笑，称呼他为保罗－路易十四，拿他和法国国王路易十四相比。保罗－安尼克本人是国际知名的成功商人，他妻子名气不遑多让，奥林匹娅·托隆尼亚是西班牙国王阿方索八世的孙女，而她正是我父亲的好友。这对夫妻缔结了美满的姻缘，他们也欢迎我父亲登上"卡利斯托号",展开命中注定的旅程。这个还不到30岁的年轻人对我妈妈一见钟情,心急到一回意大利,顾不得展现他平常游戏人间的潇洒态度,马上催着绰号"巴柏"的朋友桑德罗·德乌尔索出借他家位于阿马尔菲的海滩别墅,却不肯透露让他失魂落魄的那名女子究竟是谁。

"巴柏"和他儿子马里奥可不是省油的灯,他们一直打电话来探问,想从管家口里套取更多消息。管家说:"那是你们这附近的熟面孔,你们一定认识,但我记不得她的名字,她是外国人。"这真是不可解的谜,因为管家虽然认得出妈妈,却不明白她先前是在电影上看到她,而非实际在附近见到。

只是这个秘密隐藏不了多久。妈妈坠入情网时可不会浪费时间。1954年在《罗马假日》伦敦首映会上,格利高里·派克把梅尔·费勒介绍给她,五个月后两人就步入结婚殿堂。爸爸的步调差不多,他们夏天在土耳其相识,经过海上的闪电追求,一月就在瑞士缔结鸳盟,我在次年出生。

妈妈和朋友在"卡利斯托号"旁游泳,土耳其,1968年;爸爸拍摄的妈妈照片,德乌尔索的家,意大利阿马尔菲,1968年。

潘代利餐厅的纸包烤海鲈
（Pandeli's Sea Bass en Papillote）

4 人份

· 20 颗小果番茄，各切成 4 块
· 1 颗红葱，剁碎
· 几根新鲜的欧芹和罗勒叶，剁碎
· 4 颗土豆，煮熟去皮，切成约
  1.3 厘米圆片

· 8 根新鲜百里香
· 4 块海鲈鱼排，共约 1 千克
· 海盐适量
· 现磨黑胡椒

烤箱加热至 220℃。

把小果番茄和红葱、欧芹、罗勒混合在一起。准备 8 张铝箔纸。先铺上 4 张，每张上先平铺一层土豆片和 1 根百里香；然后在其上放 1 片海鲈鱼排；在鱼排上撒盐和胡椒调味，再加上和香料混合均匀的番茄块。接着各拿 1 张剩下的铝箔纸包"鱼包"，小心封口，让汤汁不致洒溢出来，但鱼肉上方要留空间，让它不致沾黏铝箔纸。

烤约 20 分钟。上菜时，直接在餐桌上小心打开铝箔包。

创新做法

潘代利的做法是只用鱼排，不过这道菜和其他肉质紧实的白肉鱼一样，也能用整条鱼。如果用整条鱼来烹调，可以把切碎的橄榄、刺山柑花蕾、蒜及浸泡了橄榄油和白葡萄酒的一些香料混合起来，塞进鱼腹，200℃烤至少 30 分钟。

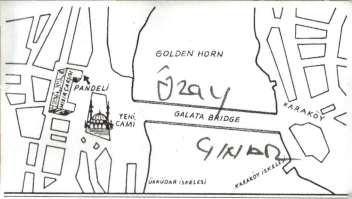

"PANDELİ RESTAURANT"
Spice Märket Ho:1
34420 İstanbul-TURKEY Tel: +90.212.527 39 09 Fax: +90.212.522 55 34

自左上顺时针：妈妈在洛里安·弗兰凯蒂·盖
塔尼家，意大利吉廖岛，1968年；与托隆尼
亚家人、威勒家人和多丽丝·布林纳，土耳
其，1968年；潘代利餐厅的卡片；在"卡
利斯托号"上，土耳其，1968年；与洛里安·
弗兰凯蒂·盖塔尼合影，意大利吉廖岛，1968
年；"卡利斯托号"的明信片。

罗马式面疙瘩：
奥黛丽·多蒂太太

"我是罗马的家庭主妇……不论你读到什么八卦，这都是我一心向往的角色。我的婚姻很美满，看着儿子慢慢长大令我欢喜。现在我也成了百分之百的意大利人。我一向不属于好莱坞或其他地方。现在我终于找到一个可以称之为家的场所。"

——奥黛丽·赫本

我猜我对烹饪的基础了解，是在父母亲于罗马的公寓举办晚宴时学来的。我们小孩只准很快地去绕一圈，和大家打声招呼就退下，到我们萨丁尼亚厨师那里厮混，我们可以一边在那里尝尝当晚的菜色，一边探头张望客厅。

如果焗面团可以算是儿童派对的主菜，那么粗粒小麦粉面疙瘩就是大人聚会的主菜。可别和土豆做的面疙瘩搞混，后者每逢周四一定会出现在罗马饮食店的菜单上，周五则是盐腌鳕鱼，周六提供牛肚。

爸爸妈妈去散步。

83

罗马的烹饪传统把内脏等动物最便宜的"第五部分"发挥得淋漓尽致。"第五部分"要追溯到当年宰杀牲畜之后，第一部分要给贵族，第二部分给神职人员，第三和第四部分分别给资产阶级和士兵，平民百姓只能分到剩下的部位，但他们深谙烹调之道，能把它们调制成味道浓郁的美食佳肴，例如牛尾、炸脑和拉齐奥（小牛肠或小羊肠）。

妈妈从没有尝试"第五部分"，罗马式面疙瘩已经足以证明她接受了罗马的生活。粗粒小麦粉面疙瘩和土豆面疙瘩不同，几乎一定是在家里制作，很少在餐厅吃到，所以只要我们有客人来访，妈妈经常用这道菜招待。

1970年代中期，我们家有许多派对。爸爸是全家最爱社交的人，他认识许多不同"世界"的人，只要可能，他就举办派对，招待不同领域的客人。他有他自己的"罗马社交圈"玩伴，还有"罗马学院"的艺术家——知识分子——精神分析师——病人。另外还有途经罗马的朋友，包括妈妈的"同事"，他们不时出现在几年前才被改名为"台伯河上的好莱坞"的影城。

上图：父母亲婚后在多丽丝的家，瑞士夏瓦兹；下图：与时尚设计师俄罗斯艾琳·加利齐纳公主合影，罗马，1970年代。

我还模糊记得大卫·尼文的胡须和我小时候在戴安娜·罗斯面前难以启齿的失态，但其他却没什么印象，就连这些记忆，也是苦苦思索才追回。母亲对人唯一明显的区别就是朋友和其他人，不论这些朋友是演员还是园丁。因此我对名人自然毫无概念，他们是否有名，我一点都不在乎。

好莱坞离圣华伦天奴路上的那栋房子路途遥远。偶尔会有剧本送来请她审读，而等我年事稍长，妈妈会向我解释："他们想请我拍这部片子。"如果她说她不想拍，我总忍不住会问"为什么？""我不知道，我没有那么喜欢它，不合适。"奇怪的是，在那段时光里，没有任何片约适合妈妈，她对自己在家的生活心满意足。

她的朋友特伦斯·杨曾执导过几部她的电影，一针见血地说中了那段时期要说服她拍片的困难："首先你得花一年左右劝说，让她接受她这辈子还可能再拍部电影的念头；接着你得说服她读剧本，然后让她相信剧本很精彩；接下来你得再让她相信在拍片现场花上六至八周绝不会彻底毁了她儿子的人生；之后，如果你运气够好，她可能会谈到戏服；但更常遇到的情况是，她只会说她要回到家人身边，煮意大利面当晚餐，不过谢谢你考虑她。"

母亲自年轻时一直不眠不休地工作。到 40 多岁时，她已经觉得厌倦。她并不是兢兢业业的家庭主妇，但家庭生活是她长久以来一直渴望的目标。母亲喜欢在家招待朋友和家人，也是因为和别人一起出门是件苦差事，就算戴上太阳眼镜和大丝巾仍未必能够保证一点隐私。狗仔队时时冒出头来，不分青红皂白乱拍一通，准备记录任何鸡毛蒜皮的新闻，比如多蒂一家周日上保拉奶奶家吃午餐。

右图：我父母亲和妈妈的朋友卡普西尼，罗马，1973年；
左图：与马里奥·德乌尔索在晚宴上，罗马，1970年代。

妈妈第一次和爸爸同游意大利，1968年。

妈妈会告诉一头雾水的亲戚该怎么应付可能出现的媒体攻击。一天晚上，我堂哥克莱蒙特被狗仔队追得狼狈不堪，妈妈对他的忠告适用于每一个人，尤其是我，因为还是小男孩的我在这种情况下总难控制情绪："露出你最漂亮的笑容，因为第一，这样你看起来最好看；第二，因为这样他们会比较快放你走。"

因此妈妈尽可能和她的新家庭待在家里，这延伸到包括朋友。在这样的环境里，她不再是女主角。在我为本书收集资料，回想过去时，正好读到我叔叔钱皮耶罗·多蒂的朋友多米尼克·邓恩写的一段文字。这位记者兼作家描述了"在安德烈·多蒂母亲家里的一顿热闹意大利面晚餐，我看到奥黛丽尽了作为儿媳妇的本分，顺从地坐在一旁，并不想惹任何人注意……她婆婆毋庸置疑才是当晚的明星"。他的记忆和我的完全相符，也让母亲和祖母的身影浮现在我脑海。

然而，这一切还不足以让我母亲完全融入罗马生活，依旧有摩擦发生，其中有些无可避免。罗马只有表面上是欢迎外人的城市。它怀疑所有不熟悉的事物，并且以不动声色、绝不流露讶异或情绪的起伏自豪，悄悄地自以为它还是世界中心，太阳底下没有新鲜事，该发生的一切早就已经发生过了。

谈到母亲和罗马这城市的关系，我认为在某些罗马社交圈里，母亲的角色太过家常，太"棱角分明"，对她的伤害更甚于她的名气。妈妈待到1980年代中期，后来就离开了，先是到瑞士去做"园丁"，接着担任亲善大使，在世界各地奔波。虽然她行囊中总会带着番茄酱意大利面，但她却把她钟爱的粗粒小麦粉面疙瘩留在了罗马。

罗马式面疙瘩
（Gnocchi alla Romana）

4 人份

· 1 升牛奶
· 半小匙（5 克）细海盐
· 1¾ 杯（250 克）粗粒小麦粉
· 2 个蛋黄
· 1½ 条（160 克）无盐黄油，软化，多备一些涂抹用
· 1½ 杯（150 克）磨碎的帕尔马干酪

烤箱加热至 200 ℃。中型烤盘均匀涂抹上黄油。

把牛奶倒进中型长柄锅，加盐，大火烧开。慢慢筛入粗粒小麦粉，边煮边搅至少 10 分钟；混合物应该紧实而平滑，但不要结成团块，关火放凉。在中碗内混合蛋黄、半条黄油、半杯奶酪，再把粗粒小麦粉和牛奶的混合物放入，用手彻底揉匀。

用微湿的刀刃把粗粒小麦粉和牛奶的混合物平抹在工作台上，厚约 1.3 厘米，再用水杯或饼干模切出直径约 5 厘米的小圆形。

把圆形面团放入准备好的烤盘中，排成略微重叠的行列。撒上剩下的 1 条黄油，再撒进剩下的 1 杯奶酪，放进加热好的烤箱烤约 20 分钟，或烤至面疙瘩呈金黄色。

威尼斯小牛肝：
期待我出生

妈妈出生 6 周就差点死了，至少外婆是这么说的。茶外婆告诉我们，妈妈那时因为咳得太厉害，心脏停止跳动，只好拍打她并祈祷，让她恢复心跳。我知道外婆的脾气，因此十分相信她的说法。那时她是严谨的基督教科学会教徒，绝不会请医生，但也绝不肯让她女儿这么年幼就失去生命。妈妈自小就爱这个"奇迹"故事，百听不厌。

妈妈的身体不像她的如体育健将的两个哥哥，原本就体弱多病，再加上战时的艰辛更是雪上加霜。她还贫血，而贫血常见的副作用是有两个黑眼圈，这成为她诸多心结之一（不过并不如她担心自己脚太长或耳朵太大那么严重，更不必说她还担心自己的鼻子……）。

我小时候总喜欢玩她那一堆色彩缤纷的药水瓶，不过妈妈最相信的还是靠天然秘方来重拾她的体力：菠菜，那时因为誊写错误，造成大家误以为菠菜含有丰富的铁质——注定了可怜的波派饮食的命运——还有木斯里麦片（什锦谷物麦片早餐）、巧克力（对于原本就嗜之如命的人，吃这个当然不能算什么牺牲），以及肝脏。而她从没有像我在她肚子里那段时期一样，吃那么多肝脏。

我和妈妈在和平之邸，
1971年。

妈妈很不容易怀孕，在生哥哥肖恩之前，她已经流产两次，第二次是1959年在墨西哥拍《恩怨情天》（1960）时因骑马发生意外，在沙漠中从"迪亚布洛"的背上摔了下来——这匹传奇的纯种阿拉伯马属于古巴独裁者富尔亨西奥·巴蒂斯塔·萨尔迪瓦所有。妈妈脊椎有四处断裂，片子杀青后，她失去了胎儿。

　　为了怀孕生子，妈妈决定暂别影坛一年。肖恩出生之后，她又流产两次。她说这是"我这辈子最悲哀的时刻，远比双亲离婚或父亲弃我们而去更严重"。因此在肖恩出生10年后，她再度怀孕时，医生都建议她在整个怀孕期间，最好卧床休息。

　　为了放松心情，妈妈和爸爸搬到她钟爱的和平之邸，在那里，她能在花丛之间短暂漫步，长时间卧床休息，而她在床上就以画花儿消磨时间。对爸爸来说，这种强迫的长假实在令人难熬，因为他正等着他的头一个（也是唯一一个）孩子出生，但这也可能令他无所事事。静谧的瑞士乡村生活让不肯安静的他受到严格考验。"La Paisible"（和平之邸）通过他挖苦的滤镜来看，竟成了"La Pénible"（痛苦之邸）。

　　我还留存着一些爸爸那时的照片，他手上拿着花剪，身旁是满满一篮花朵。这样的图像容易让人误解。爸爸虽然热爱许多事物，但他和妈妈不同，园艺（在那时）绝不在其中。至于瑞士，他的确喜爱这个国度，总有一些趣事可说。比如他发誓说有一次他在日内瓦遭到交通罚款，理由是他过马路时速度太慢，阻碍了交通。

　　爸爸妈妈在等待我降生期间忧心忡忡。一位瑞士医生，姑隐其名，认为我脖子的位置不正常，是因为有某种严重的病变。爸爸听了大受打击，但他把这个预言（幸好是无稽之谈）放在心里，没有告诉妈妈，以免她焦虑。而在乡下的大房子里，最好的慰藉之一来自炉灶，爸爸就在这里把医生嘱咐妈妈要多吃的动物肝脏巧手化为威尼斯小牛肝。这是意大利最古老的传统美食之一，他教会妈妈如何品尝它的味道。

自左上顺时针：妈妈和我，1971年；妈妈抱着我，1970年；冬天的和平之邸；和平之邸的育婴室，1970年；妈妈生日，在罗马领事馆路宅邸露台，1970年5月4日；爸爸和我，罗马，1970年；妈妈和我在罗马罕见的大风雪后留影，1971年3月；父母亲在和平之邸为我举行洗礼仪式，1970年。

威尼斯小牛肝
（Fegato alla Veneziana）

4 人份

烹饪威尼斯小牛肝最重要的是火候。仅仅煮稍久一点，小牛肝就会变硬，难以下咽。准备这道菜需要掌握温度的变化：煮洋葱时要用很小的火，煮小牛肝时要用很大的火。（"如果不用煤气，很难做好。"爸爸警告说。）在瑞士，只能用电磁炉烹饪，爸爸用两个平底锅，一个小火煮洋葱，另一个大火煎炙牛肝至封住肉汁，然后加入配料，大火煮至黏稠状。

- · 2 颗白洋葱，去皮剁碎
- · 3 大匙再加 1 小匙（50 克）无盐黄油
- · 半杯（120 毫升）特级初榨橄榄油

- · 1 小撮糖
- · 400 克小牛肝，切薄片
- · 少许雪利酒醋或柠檬汁

开很小的火，用黄油和油在煎锅里慢煮洋葱，至洋葱呈半透明而非褐色（约需 15 分钟）。这时加入 1 小撮糖，搅动至焦糖化，约 5 分钟。准备上菜前，开大火热第二个煎锅。加入焦糖化的洋葱和小牛肝，拌炒几分钟，至牛肝的表面香脆但仍多汁。如果爱吃酸，可加点醋或柠檬汁拌炒，刮下锅底结成的块，即可上桌。

备注：如果这道菜没有配上可混合在一起的配菜，蘸其酱汁食用，未免可惜。爸爸常以米饭或土豆泥搭配，不过较传统的做法是配上略微烤一下的白玉米糊。

创新做法

威尼斯小牛肝的食谱可在牛肝的强烈味道与洋葱的甜味之间，略作变化，两种口味的对比正是这道菜的精华所在。你可以像我父亲喜欢的那样，用一点不甜的白葡萄酒来取代醋，或者用红酒也行。有些食谱为强调那若隐若现的甜味，会加 1 把葡萄干或 1 大匙柳橙汁。古罗马人用无花果和肝同煮。然而，其他比较大的变化，比如小牛肝煮略久一点，很容易失败。

上图：爸爸在和平之邸做园艺，1969年；
下图：爸爸在我出生前的那个夏天在花园作画，和平之邸，1969年。

炖小牛膝配藏红花圣玛丽亚面：
萨丁尼亚守护人

"Giovanna, Giovanna, la fippa e la canna, la canna e la fippa, Giovanna Filippa." ①

——每当乔凡娜·奥鲁纳苏被还是小男孩的我逼急，就会唱这首儿歌

妈妈一生一直都有坚强的后备队伍帮她料理家事：奥鲁纳苏家族的妇女，她们原本来自努奥罗附近萨丁尼亚的一个村庄奥鲁纳。蒂娜担任主厨，罗琪塔管理瑞士的和平之邸。还有一位我想不起她的名字，她可以让桌上的任何东西不可思议地快速旋转——从刀子到杯子——使它们像陀螺一样转动。此外还有乔凡娜。

乔凡娜和我母亲在1960年代初相识。她刚从萨丁尼亚来，和妈妈一起探索意大利，建立了一种相依相存的关系，至死方休。妈妈生病时，乔凡娜从楼梯上跌下来，摔断了手臂。她只比我母亲多活了几个月，就像某些老夫老妻一样。

乔凡娜既是保姆、管家，也是司机，后来她还担任主厨。她自封为我母亲的保护人，尤其是要保护她免受男人骚扰。她对男性总是一方面怀有戒心，一方面又易被吸引。

我父母在罗马祖母家门外，1970年代。

① 一首用意大利俚语写就的风格独特的儿歌。

她对我母亲交往的对象抱着这种复杂的情感，对我父亲也不例外。在我母亲与费勒离婚，不可避免地消沉悲伤了一阵子后，我父亲出现在她生命中，令乔凡娜很欣慰。爸爸年轻、机智——乔凡娜总被逗得开怀大笑——而且他还是她的意大利同胞。可是他喜欢追逐女人——乔凡娜认为他太喜欢了一点。她怀疑他出轨之时，不由得为对他的喜爱和保护我母亲的责任而感到两难。而且她十分生气，就仿佛她自己遭到背叛。

　　乔凡娜最早来妈妈家担任家务总管，不过到 1970 年代中期，蒂娜突如其来坠入爱河，结了婚，离开我们家。因此乔凡娜的管辖范围也包括厨房，展开了她的全权统治。

　　乔凡娜在街坊邻里的商店中昂首阔步，仿佛她是奥黛丽·赫本特殊任务的全权代表。她对自己的地位尤其得意，因为她在杂志上看到来访宾客的照片或故事，而她竟为他们烹饪。她对那些杂志的报道深信不疑。在她送菜上桌时，她本人就是众人的焦点。在所有菜肴中，她最拿手的杰作是炖小牛膝配圣玛丽亚面（小颗的管状面条），这是在伦巴第地区传统美食基础上略微创作的菜色，只要一出场必然获得众人交口称赞。

　　她的光彩绽放了 20 年，直到妈妈离开罗马的房子，迁到瑞士。在这位原本是热闹街坊女王的人眼中，瑞士乡下宁静的生活毫无光彩可言，简直就像痛苦的流放。她不能再像以往那般绽放，而且那些明星也都消失了。

　　对她的最后一个打击与她的驾照有关，因为母亲不开车，所以这是她地位的重要元素。乔凡娜有一辆很棒的土耳其蓝菲亚特 500，是车型最小的几种车之一。每逢夏天，她都会把车用渡轮送到萨丁尼亚。菲亚特 500 可载六人到海滩，其中两人站在挡泥板上抓紧车身。可是她在瑞士考了三次驾照都没过关，最后不得不做智力是否健全的测验。此后乔凡娜就和瑞士誓不两立，这个情况从未完全解决。

　　在妈妈去瑞士的日子里，乔凡娜和我两个人只好长时间待在罗马。有时候她还会在半夜起身帮我的朋友和我煮些食物，竭尽所能地保护她的厨房不遭到我们的荼毒。

自左上顺时针：乔凡娜·奥鲁纳苏拿着一篮花，和平之邸；乔凡娜为康妮·沃尔德送上舒芙蕾，和平之邸；妈妈和多丽丝·恩格拉西亚，和平之邸；康妮送我母亲的相簿上的首页图案；乔凡尼和罗琪塔·奥鲁纳苏在他们萨丁尼亚的家，2010年。

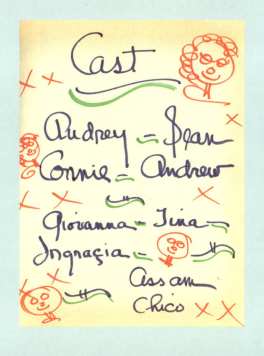

炖小牛膝配藏红花圣玛丽亚面

（Ossobuco with Ave Maria allo Zafferano）

5 人份

炖小牛膝配藏红花圣玛丽亚意大利面是北部的创新菜，挑战意大利料理的禁忌：肉类不能用意大利面配，顶多只能用米饭。不过这里能避开这个禁忌是因为用的是极小的意大利面，通常放在汤里，做法和意大利炖饭一样。很难在商店里买到圣玛丽亚面，不过可以用手指面（ditalini）替代，或者如果你不想违反米兰的传统，可用卡纳罗利米替代。小牛膝是小牛腱较低的部位，这里骨头比较小，充满骨髓。围绕着牛膝的筋膜要切片，煮的时候才不致卷曲。

小牛膝材料
- 1 大匙（14 克）无盐黄油
- 1 根芹菜茎，切碎
- 1 个洋葱，去皮切碎
- 1 大根胡萝卜，去皮切碎
- 中筋面粉，沾裹用
- 5 块小牛膝（400 克）
- 1 杯（240 毫升）不甜的白葡萄酒
- 3 大匙（65 克）番茄泥

意式三味酱材料
- 半小匙（2 克）柠檬皮碎屑
- 1 瓣蒜瓣，切末

- 2 大匙（6 克）剁碎的欧芹叶

意大利面材料
- 1 颗红葱，切薄片
- 2 大匙（28 克）无盐黄油
- 500 克圣玛丽亚面
- 1 杯（240 毫升）不甜的白葡萄酒
- 2 升蔬菜高汤
- 少许上好的藏红花，以 2 大匙（30 毫升）高汤稀释（最好的藏红花来自意大利阿布鲁佐）
- 2 大匙（16 克）磨碎的帕尔马干酪
- 2 大匙（30 毫升）浓鲜奶油

炖小牛膝：在大炖锅里加热黄油，爆香切碎的芹菜、洋葱和胡萝卜 5 分钟。小牛膝蘸上面粉，用中火和蔬菜一起煎至褐色。加入白葡萄酒，煮至酒精蒸发。小牛膝完全煎黄后，加入番茄泥，盖上锅盖，再煮 15 分钟，转小火。

制作意式三味酱：在小碗里混合柠檬皮屑、蒜、欧芹，置旁备用。

制作意大利面：圣玛丽亚面应该以传统米兰式炖饭的方式烹调。在大煎锅里用1大匙（14克）黄油小火爆香红葱至金黄。加入意大利面，和红葱一起搅拌，接着先加一点白葡萄酒，再倒入高汤。徐徐加入酒和高汤的同时，不断用木勺搅动约15分钟，以免意大利面黏锅。煮到一半时，加入以高汤稀释的藏红花。圣玛丽亚面应该像炖饭一样煮成波浪形，也就是要弹牙，而不柔滑。加入帕尔马干酪、剩下的1大匙（14克）黄油和鲜奶油，搅拌均匀，待数分钟再上桌。把牛膝放在盘子中央，浇上意式三味酱，周围放上意大利面。

烹调秘诀

炖小牛膝让妈妈的爱犬们很高兴。按照她的做法：剩下的骨头除去软骨，然后煮约1小时，你的爱犬一定也会感激不尽。

我父母举行婚礼之后，和家里的员工合影，包括园丁尼科尔夫妇、恩格拉西亚、乔凡娜和蒂娜，1969年。

保拉奶奶的金枪鱼小牛肉：
婆媳之间

妈妈走在爸爸位于罗马克雷森齐奥路上的诊所外，1970年代。

金枪鱼小牛肉这道美食来自皮埃蒙特，是意大利夏季的经典菜系。它与番茄酿饭和"假鱼"（混合金枪鱼和土豆泥，做成鱼的形状）一样，可以预先做好，放进冰箱冷藏。无怪乎它在中上阶层的婆婆妈妈间很受欢迎，她们可以随时把它端出来充当完美的午餐，不用临时在厨房里忙得焦头烂额。至少奶奶保拉就是这样，我们每周日去看她时，她都会让她得力的厨师玛蒂尔达准备这道菜。万一情况紧急，她会直接从楼下的餐厅点这道菜的外送。

妈妈和祖母保拉在罗马找房子，1969年。

祖母不擅厨艺，甚至连她唯一动手做的沙拉，也常常忘记拿出来。等我们已经在吃甜点时，她才得意扬扬地宣布："我还准备了沙拉！"不过我们反正不是为了吃她做的菜而去看她的。

祖母兴趣广泛，整理家务不在其中。她出身自工业大家族茄意欧家，欧洲最大的食品加工厂商。她很年轻就嫁给了多米尼克·多蒂。等到她25岁时，已经生了4个孩子（我父亲排行老三），而且一心一意想和丈夫离异，展开新生活。

祖父这辈子只爱打猎和养狗，全部心思都花在这两件事上。祖母虽想离婚，但当时意大利没有离婚这回事。因此她有一天跑去找家庭律师说："我想宣告婚姻无效，你得想办法宣布我的婚姻无效。"律师想劝她打消此意："太太，我不能做这种事。""那不然我宰了他。"

然而，祖母并不打算使用暴力，因此她听从律师勉强给出的建议：爆发丑闻。她在那不勒斯卡波迪蒙特的豪宅夜夜灯火通明，举行狂欢派对——对育有4名儿女的母亲而言，这是十分不得体的行为。后来祖母爱上一个非常体贴的男人，他带着她浪迹天涯。

维洛·罗伯蒂发现自己天生就适合当记者。第二次世界大战时，他在一艘商船上坚持写日记，船长赞赏他的才华，把他推荐给博洛尼亚的报纸《零钱报》。没过多久，罗伯蒂成为《晚邮报》的头牌记者，这是意大利读者最多的报纸。祖母跟着他前往世界各地，从非洲（他在开罗逗留之际，她独自旅行，越过撒哈拉）到莫斯科，她在那里与赫鲁晓夫的小争执还造成轰动。

维洛爷爷虽然不是我真正的祖父（不过 vero "维洛" 这个词的意思是 "真的"），却比我不太熟悉的多蒂爷爷更像我的祖父。维洛爷爷生病的时候，我会逃学到医院去陪他一整个下午，听他讲他在马来西亚亲身经历并写成书《马来西亚最后海盗》（*Milan: Mursia*，1971）的海盗故事。在那段时期，祖母假装坚强以对抗悲伤，每天只在医院待几分钟，但她很清楚自己不久于人世的丈夫与"奥黛丽的儿子"之间培养的情谊。

保拉奶奶喜爱她的儿媳妇，也欣赏她。这儿媳妇与她同样独立坚强，却又和她截然不同，凡事有自己的方式，而且教养儿子不容外人干预。习惯指挥亲戚的祖母和这样的儿媳妇建立婆媳关系，的确有点困难。

因此周日在祖母家的午餐，不免听到祖母的揶揄——主要对象是妈妈对慈善活动的承诺——而母亲总以不带敌意的坦然面对，尽管她一直难以适应罗马式讽刺幽默，但金枪鱼小牛肉缓和了这些小小的紧张。

祖母保拉，与我的伯父皮耶弗兰克、钱皮耶罗，还有我爸爸，那不勒斯，1939年。

金枪鱼小牛肉

Vitel Tonné

4 人份

- 2 大匙（30 毫升）特级初榨橄榄油
- 600 克小牛后腿眼肉
- 盐
- 现磨黑胡椒
- 2 杯（0.5 升）白葡萄酒
- 1 根胡萝卜，去皮，保持完整
- 1 根芹菜，保持完整
- 4 大匙（60 毫升）优质店购蛋黄酱或自制美奶滋（参见下页"如何做蛋黄酱？"）
- 1 大匙（8 克）盐渍刺山柑花蕾，切末，再加 1 大匙（12 克）整颗刺山柑花蕾制作酱料用
- 3 根细的小黄瓜，切细
- 100 克橄榄油渍罐装金枪鱼

锅里倒油开中火，慢慢将小牛肉各面煎至褐色。用盐和胡椒调味，5 分钟后加入白葡萄酒，煮至酒精蒸发。再加入胡萝卜、芹菜和 2 杯（0.5 升）水。盖上锅盖，文火继续煮约 1.5 小时。烹煮过程中不时翻动小牛肉。关火，把肉放进烤盘，加盖，放凉约 1 小时。

把蛋黄酱和刺山柑花蕾末及小黄瓜丝混合。沥干金枪鱼的油，切成小块，加入蛋黄酱中，用蔬果研磨机研磨。

把一颗颗刺山柑花蕾泡在水里软化，去除盐分。放凉的小牛肉切薄片，放在大盘上。用金枪鱼酱盖过牛肉片，再撒上刺山柑花蕾。上桌时可配上四季豆配菜或白煮新生小土豆，这些菜很适合搭配这种酱汁。

创新做法

如果天气太热，厨房不宜久待，或者你没时间做又很想吃这道菜，不妨到熟食店买烤小牛肉薄片或火鸡肉薄片，再浇上金枪鱼酱，撒上刺山柑花蕾即可。

多蒂一家人在萨丁尼亚：左起，皮耶弗兰克、雅各布、奥林匹娅、钱皮耶罗、我父母、谢丽尔、曼努埃拉和大卢卡。

烹调秘诀

头一天先煮好小牛肉，用干净的布包起来，放在盘子上，再用重物压住（装满水的锅即可），冷藏一夜。这样可以充分去除牛肉中的水分，隔天可以切得很薄而不致支离破碎。

如何做蛋黄酱？

在大碗里放入 2 个蛋黄，倒入 1 小匙法式芥末酱，用极缓慢的速度，近乎一滴一滴地加进特级初榨橄榄油，不断搅拌至混合物变浓稠。继续加橄榄油，如果喜欢细致的口感，可加到 1 杯量或更多。最后加入 1 大匙白醋和 1 小撮盐。诀窍：选择的橄榄油味道不要太重，否则会盖过其他味道。

烟花女意大利面：
意大利风情

在母亲细心收藏的食谱中，我发现有一页记录的是
"putanescha"（为 puttanesca 之误）。这是她很喜欢的一道菜，
虽然她弄错了名字。我猜她并不在乎这道食谱的由来，何况它
的起源众说纷纭。

烟花女意大利面（可能）最先是源自那不勒斯西班牙区的
青楼，不过其来由有很多传说。有人说这道食谱是从普罗旺斯
来到意大利南部的"应召女郎"伊薇特所发明。也有人说烟花
女（puttanesca）这个名字纯粹来自酱汁的色彩对比鲜艳（紫红
橄榄、绿刺山柑花蕾、红番茄、金色的油），就像当时妓院流
行的艳丽内衣。还有人认为这道菜是专为欢场女子最忠实的恩
客所准备的。

我觉得爸爸的说法比较可信：他认为这些女郎是为自己准
备这道菜，她们喜爱这道菜是因为做起来很快，可以在一个恩
客离开、下一个恩客进来之前完成。

父母亲和我在我的
学校外面，罗马，
1977年。

烟花女意大利面
（Spaghetti alla Puttanesca）

4 人份

传统食谱需要加一点牛至，不过妈妈从不加，因为她觉得那会让所有东西"尝起来像比萨"。这道菜即使凉着吃也很好吃，特别适合在夏天享用。

- 2 片凤尾鱼排
- 半杯（120 毫升）特级初榨橄榄油，多备一些最后浇上
- 1 把黑橄榄，略切碎
- 1 把绿橄榄，略切碎
- 12 颗盐渍刺山柑花蕾，用水冲洗，保持完整

- 1 瓣蒜瓣，切半
- 碎红辣椒片，或少许塔巴斯科辣椒酱
- 400 克去皮整颗番茄
- 450 克意大利面或细扁面
- 6 片罗勒叶，用手撕碎

油锅中大火煎凤尾鱼，再加入橄榄、刺山柑花蕾、蒜、红辣椒片，略煎1分钟。加入整颗番茄，用木勺压碎。中火烧煮酱汁，不时搅动至呈浓稠泥状（5至10分钟，视番茄优质程度而异），关火，酱汁留在锅中备用。

在大锅里用加盐的大量沸水煮意大利面。面煮至弹牙时沥掉水分；把面放入盛放酱汁的煎锅，大火煮，轻拌混合酱料与面条。关火，撒入一点橄榄油和罗勒，即可上桌。

烹调秘诀

烟花女意大利面的原始精神就在于不必严格计较分量和烹调时间。这里提供的做法只是给一些建议，大可不必一一遵循，请自行创新。值得注意的一点是：如果你花太多时间斤斤计较于做法，这道菜不知道为什么反而会不好吃。它就是需要急急忙忙不假思索地做，但要抱着热情。因为冲动而造成的不完美没有关系，例如去皮番茄有点烧焦。如果马上食用，要小心烫嘴。

上起：父母亲在罗马市中心漫步，1976年；烟花女
意大利面食谱，妈妈手写在她的食谱书上；爸爸和妈
妈，1969年5月。

番茄酿饭：
一别两宽

逃离罗马游玩一天其实很容易，开车半小时就可到海边，群山也只有一个半小时车程，还有位于蒂沃利的哈德良别墅、奥斯提亚安提卡的古迹、台伯河的自然保护区、波马索的巨石怪兽公园、拍摄"意大利通心粉西部片"的场景地，等等。每一个罗马人都有自己喜爱的地点，包括远在城界边的幽境，大小绵羊点缀于建筑物间的奇景（在罗马，牛的地位让给了羊，羊肉是当地餐饮最美味的主食）。

因此，郊游自然是罗马人最钟爱的传统休闲活动。不过这只是个借口，真正的目的地是到小餐馆就餐，最好是到有户外凉棚座位的店家，专门为夏日制作的美食一字排开，从蜜瓜火腿（或无花果火腿）到卡普里沙拉。最能让我忆起童年时光的

父母在罗马台伯河畔。

是无所不在的番茄酿饭，摆前菜的推车上一定有这道菜。春天过后，它就会从厨房里出现，在我的记忆中象征了永志难忘的全家夏日出游。我总以为妈妈基于和我同样的原因，喜欢上这道菜。

作为小男孩，我真心喜欢这些周日郊游，但有一阵子，出游的次数减少，直到有一天爸爸问我："卢卡，如果妈妈和我分开，你觉得怎样？"当时我大概 8 岁，听完随即泪流满面。爸爸赶紧安慰我说："我只是好奇问问而已，别担心。"我让自己相信了他的话。接下来几年，他没再提过这件事，而我（几乎）忘了。

父母在他们的奥托比安西汽车里，罗马，1973年。

于是最后父母亲告诉我说他们决定分开时，简直是晴天霹雳。如果他们之间感情不和，我也没看出来。他们并没有争吵，家里一直很平静，或者几乎都很平静。有一阵子，妈妈变得比较疏远我。我不明白为什么，因而感到痛苦。后来我才了解，她疏远我，是为了在我面前隐藏她的悲伤。

他们决定把打算离婚的事告诉我的那一天，情景鲜明一如昨日。那是 1980 年夏天，我正在看电视上的莫斯科奥运会转播（从那以后，我一看到五环标志，就忍不住别过头去）。妈妈委婉地向我解释他们决定的事，以及原因，而爸爸冲口而出："所以，卢卡，真相就是你妈爱上了另一个男人。"她就像对待出言不逊的蛮横男孩那般要他闭嘴："安德烈，你竟敢这么说！"这的确是很奇怪的解释。不过多年后，缺乏勇气的却是妈妈。我想知道他们为什么分手，她只说"去问你爸爸"。他畅所欲言，把他们的故事一五一十告诉了我。

两人离婚极其痛苦，妈妈——她幼时曾因自己父母的离异而深受伤害——竭尽所能减轻离婚对我造成的负担。她留在罗马，让我不致和父亲分开，就住在他的房子对面。我只要过马路，就可以由双亲的一方到另一方。

　　我很确定那段时期她一定很想搬到心爱的和平之邸，可是她延迟了离开罗马的时间，直到我成为少年，也来到瑞士，去读离我们在那里的家不远的寄宿学校。显然她为了我的幸福做了牺牲，不过她的朋友安娜·卡塔尔迪说："他们离异时，她的心也为安德烈难过。我从没听过她说他任何坏话。"

　　我很清楚父母的往事也包括父亲无数次的不忠，但长大后，我最惊奇的是他们俩的个性多么南辕北辙。他们俩怎么互动？他们之间究竟有什么样的情感：爸爸带着他拉丁男性的玩世不恭，母亲则有她一板一眼的北欧教养，以及对情感的爱你在心口难开。随着岁月推移，在他们离婚的悲伤被时间冲淡之后，我才能看出他们曾经多么深爱对方。

　　一天早晨，母亲在早餐时放下心防，述说她对我父亲的爱，还有他们分手时她所感受的痛苦。父亲从没有完整地告白。母亲罹癌时，爸爸到瑞士，和我们一起陪她度过她最后的一段日子。当时他们已经离婚10年。后来我才听说，他看了妈妈病历上的图表后，当场昏倒。他立刻明白她的病情已无法挽回。

　　我认为他们分手的原因也包括年龄差距，倒不是因为母亲太"老"，而是父亲太"年轻"，还不成熟。有时我不由得心想——虽然这么想完全不理性——要是他们晚一点相识，当爸爸已经改变，一切会多么不同。

　　他一样随着光阴流转，开始更喜欢待在家里，甚至为他的儿子煮东西吃，同时听着另一桩离婚的痛苦——我的婚姻。一天爸爸对我说："这些都是很困难的决定，但你却理智而勇敢地面对。我很骄傲妈妈和我对你的教养。"他长大了，而我和他一起成长。

番茄酿饭
（Stuffed Tomatoes）

4 人份

虽然番茄酿饭经常出现在小餐馆的前菜当中，但也可以当作主食，我们在家就是这样做。准备这道菜的工夫需要事先计划（填塞的馅料需要在室温里放至少1 小时，烘烤番茄还需 1 小时），但除此之外，不太需要花费懒人厨师多少烹调工夫。一旦做好，绝不会让人失望，从最热天气的花园派对到晚上较凉爽的时候都可食用。

- 4 颗带茎熟番茄
- 盐
- 半瓣蒜瓣，剁碎
- 4 大匙（60 毫升）特级初榨橄榄油，多备一些烘烤用
- 4 小匙（2 克）剁碎的罗勒叶
- 4 小匙（2 克）剁碎的欧芹叶
- 半杯（100 克）米（维亚诺内纳诺品种最佳）
- 现磨黑胡椒
- 6 颗棕皮土豆（约 1.15 千克），去皮切成角块

切下番茄上端，留下那些"帽子"待用。挖出番茄果肉，置旁备用。略撒盐至番茄内，再切口朝下倒立放在架上沥掉水分。把果肉和蒜、2 大匙橄榄油、罗勒和欧芹一起放进大碗里混合。用加盐的大量沸水煮米饭，饭仍弹牙时沥掉水分。把米饭加入果肉混合物中，加盐和胡椒调味，搅拌均匀。置于室温中至少 1 小时。

烤箱加热至 200℃。把米饭和番茄果肉混合物填塞进番茄里。小心把填好馅料的番茄放进烤盘，一旁加上土豆块。番茄和土豆上略洒一点油，烤约 1 小时。取出放凉后上桌。

父母在费里耶尔城堡举行的"普鲁斯特舞会"上合影，盖伊·罗斯柴尔德男爵和玛丽－伊莲娜·罗斯柴尔德男爵夫人主办，塞西尔·比顿摄，1971年12月11日。

哈利酒吧：
回到威尼斯

尽管罗马是意大利电影业的中心——1950 年代，奇尼奇塔影城被称为台伯河上的好莱坞——威尼斯却为大银幕上的明星铺上了最光辉的红毯。1955 年，母亲原本计划去参加威尼斯影展，为《战争与和平》做宣传，不过到头来未能成行。10 年后，她重新出现在朋友尤尔·布林纳在威尼斯为她拍摄的一系列美妙镜头中，同时和她的第一任丈夫梅尔·费勒乘着凤尾船，沿着运河享受旖旎风光。威尼斯和利多岛本来可能是她的游乐场——后来也是我的——就像当时许多外国游客的欢乐场所一样。

我把这个城市和父亲连结在一起，我想母亲也会有同感。爸爸知道如何旅游，如何谈心，而随着每一次的漫步，威尼斯复杂的面貌苏醒而活跃起来。因此他带她步下那风景如画的凤尾船，引领她走过叠加了欢乐和忧愁的城市，在一切事物中都灌注了双重的面貌。

妈妈在威尼斯的凤尾船上，尤尔·布林纳摄，1965年。

我逐渐了解到，威尼斯是最适合开始或结束一段旅程的地方。我有一段美丽而悲伤的记忆，是儿时"男人"之间的旅行，只有父亲和我，发生在双亲离婚之后不久。后来我看到一些家庭影片，才发现爸爸在10年前和我哥哥肖恩，也就是他的继子，一起进行过同样的旅程，那次旅行让他们俩成了哥们儿。

威尼斯是红尘俗世，却广受遁世者喜爱；虽然旅游业发达，但能接纳懂得如何隐匿自我的旅客，它充满着沉默和孤寂的悲伤情绪，供游客各取所爱。

我父亲总能优雅地优游于这种暧昧之间。他随时准备着一套无懈可击的蓝色西装，我们的来去总会穿插一些不能错过的约会或事件。母亲也一样，不过他在社交上绝对比她活跃。

他们俩会搭水上巴士出海，朝潟湖边缘的海岛出发，从奇普里亚尼餐厅和传闻中大名鼎鼎"哈利酒吧"的餐桌上体验那遥远的城市。海明威就是在这个酒吧里写作他的"威尼斯小说"《过河入林》。接着他们会回到威尼斯市中心，在摩纳哥大运河饭店就餐。我母亲说，你可以在这里吃到全世界最棒的总汇三明治，最后再到哈利酒吧来一杯贝里尼鸡尾酒。

我自己就是经由特别的引介，才知道这家独特的酒吧。那天我因爸爸和人有约，很可能会破坏只有我们父子俩独享的下午感到烦恼。为了消除我的嫉妒心，爸爸用尽了他说故事的本领，想说服我，说我们要去一个独一无二的地方，去见他一位同样独一无二的朋友。我没兴趣。那是大人去的地方，所以很无聊，而且他的朋友也很无聊，因为他们说英文，而我一个字都听不懂。

一直到几年后，我才知道当天我们见到的那位先生是大作家戈尔·维达尔，他的确懂得怎么把故事说得扣人心弦，全世界难有几个人能做到。他巧妙描写的人物，有许多在过去半个世纪间都来过威尼斯，而我们就在哈利酒吧和他见面。这酒吧的历史不容小觑，而且的确充满威尼斯风情。

哈利酒吧的故事源自一个出生在20世纪头一年的男孩，他作为酒保的才华无人能及。这位名叫朱塞佩·奇普里亚尼的酒保先在摩纳哥大运河饭店工作，后来到欧洲与不列颠饭店，

妈妈在威尼斯利多岛，1965年；以及与尤尔·布林纳合影。

118

他最忠实的顾客中有一个美国青年，他的家人不知道为什么有个荒唐的想法，就是送他到欧洲来，好让他戒酒，那时是1927年春天。

　　哈利由一个姨妈陪同。他喝酒，姨妈付账，直到有一天，姨妈付账付得烦了，也受够了看他喝酒，把他留在酒吧，撒手不管。年轻的哈利身无分文，不要说喝酒，连回家的钱都没有。朱塞佩看他可怜，借他一万里拉，心想这钱就当有去无回了。但大概四年后，这名男子竟然回到欧洲与不列颠饭店，把借款四倍的钱交给了酒保。朱塞佩正需要这笔钱开他一心梦想的酒吧，在一间古旧的绳子仓库，以美国金主哈利·皮克林名字命名的酒吧从此诞生。

　　哈利酒吧于1931年5月开张，很快成为吸引游客到威尼斯流连的另一个好去处。世界各地的名流都来朝圣，从卓别林到奥黛丽·赫本，但如果把这里当作有钱有闲的名流遁世之地，却不太公平。这家名闻遐迩的酒吧并非浪得虚名，首先，它既是酒吧，也是餐厅，兼具两者特性；其次，它又能提供好喝的饮料和鸡尾酒，这在意大利很少见，因为意大利酒吧都是主要售卖葡萄酒。

　　最重要的是，哈利酒吧颂扬了威尼斯双重的性质，创新了游客从一个酒吧到另一个酒吧，寻觅意大利小吃时所发现的当地美食：奶油腌鳕鱼（用干鳕鱼做的慕斯）；醋渍沙丁鱼（酸甜沙丁鱼）；本地小虾佐玉米糊；威尼斯小牛肝（威尼斯式牛肝和洋葱）。另外还有乌黑如墨的炖饭，以及妈妈深爱的时蔬菜肴"春天"，这道菜把市场上所有蔬菜都混合在一起，但又是各自分开烹调的，让它们能保持各自的独特味道。

　　至少有一道菜和一种调酒该归功于哈利酒吧，它们分别以两位伟大的威尼斯画家为名，在不计较著作权的情况下，发扬到世界各地。哈利酒吧位于瓦拉雷索大道，距圣马可广场仅一石之遥。

爸爸拍摄的家庭影
片定格照，威尼
斯，1970年。

贝里尼鸡尾酒（The Bellini）

6 人份

贝里尼鸡尾酒之名来自威尼斯画家乔凡尼·贝里尼，伟大的吉奥乔尼和提香的老师，你可以在学院美术馆或圣洛克大会堂，在小点心和一杯小酒之间品尝。15 世纪晚期，贝里尼以具有浓烈感官刺激的色彩，将威尼斯画派改头换面。朱塞佩想到贝里尼油画中一位圣徒粉红色法衣的一角，决定以他所发明的一款调酒来致敬这位艺术家。

- 2 个成熟白桃，去皮切丁
- 1 瓶冰镇的普罗赛克气泡酒
  （DOCG 等级，法朵比亚登法定产区）

把桃肉打成果泥，用细网筛滤，在笛形细长小酒杯里放入一份果泥和两份气泡酒，立即享用。

创新做法

贝里尼鸡尾酒变化多端，其中有些和原始的做法一样，只混合果泥和气泡酒。这种鸡尾酒原是季节性调酒，只用白桃，但也可以换成其他水果，例如罗西尼鸡尾酒（用草莓），或者以威尼斯画派另一位大画家为名的丁托列托鸡尾酒（用石榴），或者提香鸡尾酒（用康科德葡萄）。

🔘 烹调秘诀

不必用法国香槟，这听来或许像爱国人士的门户之见，但相信我，法朵比亚登普罗赛克气泡酒的刺激味强化了桃子香，如果用香槟只会抑制它的气味。

卡尔帕乔生牛肉片（Carpaccio）

4 人份

1950 年代，卡尔帕乔"只不过"是个用色偏爱黄和红的威尼斯派大画家。如果说今天这个名字也受到不谙 15 世纪绘画艺术的人推崇，喜爱这美味的细切生牛肉，那么该归功于一位威尼斯男爵夫人固执（或任性）的饮食。

1950 年的一个艳阳天，阿玛丽亚·纳妮·莫琴尼戈男爵夫人午餐时分走进哈利酒吧，说她只想吃生肉。酒吧送上了切得薄如纸片的生牛肉，只用一点蛋黄酱和英国黑醋调味。这道只有黄红色的菜让奇普里亚尼想到卡尔帕乔的油画，这两种颜色的确让卡尔帕乔生肉片色泽更突出。

- 2 个蛋黄
- 1 杯（240 毫升）特级初榨橄榄油
- 少许盐
- 少许白胡椒
- 1 颗柠檬榨汁

- 1 至 2 小匙（5 至 10 毫升）英国黑醋
- 3 大匙（45 毫升）牛奶
- 400 克牛里脊肉，切极薄片（请肉贩帮你切，或者将牛肉冷冻 10 分钟等肉变硬后自己切）

把蛋黄、橄榄油、盐和白胡椒放进中碗搅拌均匀，慢慢拌进柠檬汁，直到做出蛋黄酱。混入英国黑醋和牛奶至正好调和均匀的程度，上桌前先冷藏 30 分钟。

把生牛肉片放到盘中，浇上调好的酱汁。

创新做法

卡尔帕乔生牛肉片最先是哈利酒吧在 1950 年推出的，有许多创新做法。最受欢迎也最清爽的是搭配芝麻菜和帕尔马干酪薄片。

无论你选择（或发明）哪一种酱汁，记得正宗的卡尔帕乔酱汁要在肉准备上桌时才浇上。如果提前把肉与酱汁混合在一起，放进冰箱冷藏 10 分钟或更久，会变成腌肉而非生肉。味道虽然可能更浓，却会丧失让奇普里亚尼想到画家卡尔帕乔的红黄色彩。我们在家做这道菜时，常用油、柠檬和醋来为牛肉或三文鱼卡尔帕乔生牛肉片调味，再把肉放在切细的生茴香上食用。

"这话听来可能极其无趣，但我梦想中的天堂是罗伯特和我的两个儿子都在家——我恨分离——还有狗，一部好电影、一顿美食、好的电视节目，全部结合在一起。这样我就心满意足。我的理想不是要一大堆奢侈品。我从小就希望有个有花园的房子，如今我已经拥有。这就是我梦寐以求的。"

——妈妈参加《拉里·金现场秀》节目，1991年10月21日

4

瑞士：
她的避风港

中国火锅（瑞士版）：
冬日暖意

"食谱里要用到法式清汤作为材料时，一般会用罐装清汤或浓缩汤块和水，这种做法比较方便。真正的法式清汤有独特的风味，因为它是用不同的肉类一起炖煮而成。"

——妈妈的秘书帮她打字的内容，取自妈妈的"厨房圣经"

《范妮·法默烹饪宝典》

前跨页图：妈妈在和平之邸的花园采花，1971年；
对页图：妈妈在瑞士圣莫里兹，圣诞时节，1958年。

年末佳节将近时，瑞士各地家家户户会准备"中国火锅"的锅具——瑞士版的"中国火锅"——大家准备好火锅炊具餐具，等待来访的亲戚大快朵颐。当然不是全瑞士都会如此，但几乎人人奉行——根据某个古怪的民调结果显示，十家有九家会这么做。理由很简单，只要把煮肉的清汤准备好，火锅随时可以上桌，招待不速之客。

就连我们这种非土生土长的瑞士人，也不想放弃这种仪式，只是我们并不是在家吃火锅。每年新年和复活节，我们都会在格施塔德汀过，有两个晚上非在外面过夜不可：在村子中心古色古香的豪华旅馆欧登酒店度过一个优雅的夜晚，还要在罗斯黎饭店这古老的驿站旅馆度过一夜。

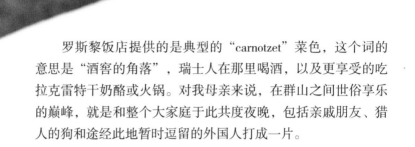

　　罗斯黎饭店提供的是典型的"carnotzet"菜色，这个词的意思是"酒窖的角落"，瑞士人在那里喝酒，以及更享受的吃拉克雷特干奶酪或火锅。对我母亲来说，在群山之间世俗享乐的巅峰，就是和整个大家庭于此共度夜晚，包括亲戚朋友、猎人的狗和途经此地暂时逗留的外国人打成一片。

中国火锅（瑞士版）
（Chinese Fondue（à la Suisse））

4 人份

漫长的冬夜最适合食用中国火锅，这和瑞士人常在午餐食用，餐后再——明智地——长时间散步的奶酪火锅不同。忠告：如果睡前吃奶酪火锅，保证几乎一定噩梦连连。

对于要用到的蛋黄酱酱料，妈妈偏爱较清淡的版本。她不用生蛋，而用水煮蛋的蛋黄，压碎之后搅入酸奶、几滴新鲜柠檬汁、盐和胡椒。这个酱底可以用来做各种不同的变化（从蛋黄酱到鸡尾酒酱）。

法式清汤材料
- 1 大匙（15 毫升）特级初榨橄榄油
- 500 克牛臀肉，切丁
- 250 克鸡胸肉，切丁
- 500 克小牛胸瘦肉，切丁
- 1 根胡萝卜，去皮，保持完整
- 1 根芹菜茎，保持完整
- 1 个洋葱，去皮，保持完整
- 1 瓣蒜瓣，去皮，保持完整
- 香料束（几小根欧芹和几小根百里香、1 片月桂叶、几根细香葱）
- 1 根人参根，洗净去皮，保持完整
- 2 朵香菇，切成 4 块
- 250 克上等碎牛肉
- 1 个蛋清，打散

蘸酱材料
各种酱料分别装于小杯内佐餐

番茄酱
- 300 克熟番茄，略切碎
- 4 大匙（60 毫升）白葡萄酒醋
- 2 大匙（28 克）糖
- 2 大匙（30 毫升）籽油
- 1 个洋葱，剁碎
- 2 瓣蒜瓣，压碎
- 1 颗红甜椒，切细丁
- 1 小匙（4 克）红辣椒粉
- 4 大匙（6 克）剁碎的欧芹
- 1 小匙（4 克）孜然粉
- 盐和胡椒

妈妈在圣莫里兹，
1954年。

咖喱酱

- 7 大匙（100 克）蛋黄酱
- 7 大匙（100 克）原味酸奶
- 50 克苹果，去皮切细丁
- 50 克杧果，去皮切细丁
- 30 克葡萄干
- 1 颗柠檬榨汁
- 1 大匙（8 克）马德拉斯咖喱粉
- 盐和胡椒
- 混合所有原料，以盐和胡椒调味

辣根酱

- 近 1 杯（227 克）法式酸奶油
- 半个苹果，去皮磨碎
- 2 大匙（30 克）辣根，仔细磨碎
- 1 小匙（5 毫升）柠檬汁
- 盐和胡椒

混合所有原料，以盐和胡椒调味

大蒜酱

- 7 大匙（100 克）蛋黄酱
- 125 克酸奶
- 3 大匙（45 毫升）水
- 4 大匙（12 克）剁碎的细香葱
- 3 瓣蒜瓣，压碎
- 盐和胡椒
- 混合所有原料，以盐和胡椒调味

肉类材料

- 1 千克卡尔帕乔生牛肉片（极薄片 上等牛肉）
- 小牛肉片、鸡肉片、猪肉片、去壳大虾，随意

制作法式清汤：在大锅里用高温热橄榄油，快火炙烧牛臀肉、鸡肉和小牛胸肉。离火，注入 3 升凉水，加入蔬菜和香料，煮沸后加盖小火慢炖 4 小时，撇去浮沫，置旁待凉。在碗中滤高汤，去掉肉和蔬菜。把碎牛肉和蛋清加进高汤。加盖小火慢炖 1 小时，置旁待凉，用细网筛滤清汤；然后再滤一次。这种法式清汤可预先准备，隔夜冷藏。

制作番茄酱：在小平底锅里开大火拌匀番茄、醋、糖，不断搅动至煮开，待凉后用机器打成细泥。用油慢煮洋葱、蒜、辣椒、欧芹至软烂。与番茄酱、孜然粉拌匀，用盐和胡椒调味。

中国火锅上桌时，先在小型长柄锅里把法式清汤煮沸，然后放在桌子中央的热锅里。卡尔帕乔生牛肉片切半放在大盘子里，可加入小牛肉、鸡肉、猪肉（皆切极薄片）和大虾。每位客人都配有专用的盘子和大火锅叉。各自决定肉的生老程度，然后取用蘸酱，也适合搭配薯条和奶油饭。

公牛子弹鸡尾酒（The Bullshot）

1人份

以最正统的方式准备法式清汤（只有肉，不加蔬菜）。这需要耐心和工夫，不过如果能花长时间煮好清汤，应该也能煮出更好的品性。法式清汤除了可以做火锅汤底，或者当成高汤"饮用"之外，还是一款与众不同的饮品——公牛子弹鸡尾酒的基本材料。

我们在罗马过圣诞的传统是圣诞夜在祖母家吃晚餐，圣诞节当天到姑姑家吃午餐。虽然人人都会带葡萄酒，负责公牛子弹材料的则是爸爸。这种酒是治疗前一晚暴食的良方。

- 1 份伏特加
- 3 份法式清汤
- 少量英国黑醋
- 少量塔巴斯科辣椒酱
- 少量现榨柠檬汁
- 芹盐适量
- 现磨黑胡椒
- 芹菜茎，随意

公牛子弹可以微温饮用或冷饮，用高脚鸡尾酒杯或平底玻璃杯盛装，像血腥玛丽一样配上一根芹菜茎。

上图：圣诞节在圣莫里兹的全家福，妈妈、外婆、伊恩舅舅、他的妻子伊凡及他们的女儿，1958年；
下图：妈妈身着滑雪装，桑福德·罗斯摄；对页图：妈妈在圣莫里兹雪景中的一系列照片，1954年。

和平之邸：
鲜花、水果和生命的承诺

"我这辈子赚钱，是为了拥有一栋自己的房子。我梦想有一栋乡间的房子，有花园和果树。"

——奥黛丽·赫本

我母亲随时有清零重新开始的准备。我记得1980年代中期发生金融问题之际，她的伴侣罗伯特担心市场崩溃，她对他说："那有什么关系？就算我们失去一切，我们还有花园，我们可以种土豆吃。"

这并不是她的一时兴起的想法。冷战时期的瑞士，每一个市政府都得把可用的空地划分出来用作农耕用地，即使是私人

妈妈在和平之邸的花园采花，1971年。

135

外婆埃拉的父母亲在阿纳姆城外乌斯特毕克小镇的家，他们一家在二战期间的住所，1940年代。

土地。我们那栋房子也接到了一份详细的计划，说明如果战争真的爆发该怎么做。如果这世界要再度疯狂，中立的瑞士随时准备切断与世界的关系，自给自足。根据这个计划，和平之邸被划归为土豆种植区。

妈妈对战争了如指掌。那是个酷寒的冬天，她觉得是因为命运高抬贵手，才让她逃过一劫。她从没忘记这一点，把大难不死的人生当作意外的天赐。表演、电影、成功固然重要，但更重要的是亘古不变的生命周期。

春去秋来，四时变化之际，母亲总会说："我们现在生产的是……"她一脸满足地列举当季的蔬菜水果，在我这个小男孩看来未免夸大，但对她来说，每一个生命或新生都是小小的奇迹。她为家人栽种的家庭花园，就是让奇迹发生的地方。

和平之邸最先是干草棚，后来可能作为养老院，最后才成为寓所。妈妈创造了一种独立的生态，几乎保证她能自力更生。她甚至打算养兔子和鸡，最后因不忍心宰杀而作罢。

各种各样的动物光顾过和平之邸，多多少少是驯养或可食用的，从鹳鸟、石貂到牛。1987年酷热的夏天，它们获准进花园吃草，让家里的狗大感惊奇。园丁乔凡尼一天早上告诉我，他在泳池里看到几只鸭子。妈妈说她想与鸭子同游，但不惊吓它们。她做到了。

母亲在1960年代中期买下和平之邸后，它的花园经历了缓慢的蜕变。第一阶段，它很优雅，但无甚可观，只是个非常英国风味的角落，生长着一些树莓、醋栗丛和黑莓。尼科尔先生负责管理。人品高尚的他娶了一个不苟言笑的女人，她一年到头都在生病，却比他长寿。尼科尔先生也是我们的司机，但他两个工作都不太合适。我父亲总说："他开车时像园丁，做园艺时又像司机。"

后来乔凡尼·奥鲁纳苏在花园后面安顿下来，还种出破纪录的南瓜和密生西葫芦，彻底改变了花园的面貌。此后四时节气主宰了我们在和平之邸的饮食，唯有母亲钟爱的酱汁例外：乔凡尼会在 6 月初摘下番茄，把它们整个冷冻起来，这样一年到头都有番茄可吃。

我们家餐桌上从没缺过青菜，连我们的维希奶油番茄浓汤也来自自家花园。我们有很多水果，从青梅到阿巴特梨（酒煮十分美味，参见"酒酿梨子"食谱），数十株苹果树，我们用来榨果汁、做果酱和烤肉酱。如果要做果酱，有李、梅、黑莓、桑葚、木梨、黑樱桃、红樱桃——妈妈早餐时偏爱红樱桃果酱。我们还有整排的大黄菜，四五月时成熟，可以做成糖渍甜食。不过我们自己的桃树一直不结果，所以得向邻居要桃子。9 月间，我们还可以到附近农庄的田野采摘玉米，所以也有玉米吃，可以整根水煮，也可以和我们自家的胡萝卜一起烤。

妈妈对植物的热忱延伸到我们家土地上所有的树和花。她到外地的时候总会打电话回家，询问各种大情小事：人的、狗的、植物和树木的。有一次乔凡尼告诉她，她心爱的杨柳生病了，情况很糟糕。她回家发现柳树已经被移走时，打电话到罗马给我，几乎忍不住落泪。

最后也最重要的是各种花卉。1934 年的一个夏天，妈妈在英格兰与一个矿工家庭同住，因此熟知花朵的名字。她全心全意照顾它们，就像对待真正重要的事物一样，用乔凡尼制作的神奇肥料滋养它们。她总喜欢在家里插满花束，每天早上都亲自到花园采花，带着满篮的鲜花回来。电视纪录片《与奥黛丽·赫本共赏世界花园》请她担任主持人后，妈妈对园艺的热情变得众所周知。在荷兰，有两种花以她的名字命名，一个是"奥黛丽·赫本郁金香"，另一个是"奥黛丽·赫本玫瑰"。她觉得这份荣幸是"你能遇到的全世界最浪漫的事"。

对她而言，绝非只是沉迷于花朵的美感——它们深深地感动她。它们是生命和成长的承诺。得知她不久于人世时，乔凡尼担心没有她，他无法独自照料花园，妈妈告诉他："我会继续帮助你，只是用不同的方式。"

维希奶油浓汤（韭葱土豆冷汤）
（Vichyssoise）

4 人份

就像其他佳肴一样，维希奶油浓汤源自怀旧——怀念儿时的味道和遥远的家乡。

1917 年夏，纽约丽思·卡尔顿酒店闻名遐迩的主厨路易·迪亚特因为担忧战事不利的祖国——法国，而忆起了多年前一个酷热夏日的往事，他和哥哥喝的祖母做的透心凉的传统韭葱土豆浓汤，加一点牛奶会更加好喝。

那道汤对他的意义，就像普鲁斯特蘸进茶水的玛德琳蛋糕，引发了无限怀想。只是迪亚特是厨师而非作家。他虽没有"追忆似水年华"，但却以家乡蒙特马罗尔附近的城市维希来为这道怀旧的浓汤命名。

- 1 个洋葱，去皮切细丝
- 2 个韭葱心（白色部分）
- 3½ 大匙（50 克）无盐黄油
- 1 升鸡汤
- 2 颗土豆，切丁
- 1 大匙（3 克）剁碎的细香葱
- 现磨肉豆蔻
- 英国黑醋
- 半杯（120 毫升）鲜奶油

文火用黄油煮洋葱细丝和韭葱心 15 分钟后，加入鸡汤、土豆、细香葱、肉豆蔻和适量英国黑醋，再煮 30 分钟。倒入鲜奶油，把所有材料混合均匀，放入冰箱冷藏至少 4 小时。追求正宗的话，应提前一天烹制。

自左上顺时针：和平之邸花园摘下的鲜花，1990年代；妈妈和康妮·沃尔德及一大篮鲜花，和平之邸，1967年；妈妈食谱书里打字的奶油浓汤食谱；妈妈在和平之邸的白色起居室，1980年代初；妈妈与康妮在瑞士格施塔德，1967年。

V I C H Y S S O I S E

Purists demand unsalted butter for this soup. For perfectly blended flavor, prepare the day before serving.

2 tablespoons butter	1 small stalk celery
2 leeks (white part only)	1 potato, sliced thin
1/2 onion, minced	salt and pepper
2 cups chicken stock, canned or homemade (p. 206 Fannie Farmer Book)	few grains nutmeg
	few drops Worcester- shire
Sprig of parsley	1/2 cup heavy cream

Melt the butter in enamelware or glass saucepan, add leeks, cut fine, and onion. Cook very slowly until tender but not brown. Add stock, parsley celery, potato and seasonings, and cook until potato is tender. Put through very fine sieve or mix in an electric blender. Add more stock if necessary to make 2 cups.

Just before serving stir in cream.

If desired, season delicately with Maggi's Seasoning or curry powder. Serves 4.

奶油番茄浓汤
（Cream of Tomato Soup）

4 人份

乔凡尼每年 7 月的第一周收获番茄，夏日午餐经常品尝到这道奶油番茄浓汤。他妻子罗琪塔是个了不起的厨师，会用油把长着绿梗的白色大葱煎至褐色，再加入去皮切块的番茄。番茄浓汤常用奶油制作，不过在和平之邸，我们的奶油番茄浓汤用的是橄榄油，上桌时浇上一点油和 1 小罐乳脂量低的鲜奶油。

· 2 大匙（30 毫升）特级初榨橄榄油
· 2 到 3 根带茎大葱，切细丝
· 1 千克带茎熟番茄，去皮略切碎（参见"番茄去皮方法"）

· 1 到 2 大匙（15 至 30 毫升）蔬菜高汤
· 浓鲜奶油，食前加上

锅中用火加热 1 大匙（15 毫升）橄榄油。加入带几寸绿梗的大葱微微煎至褐色。再加入番茄。煮至番茄呈酱状，不时搅动。把火关小，加入高汤，再煮 20 分钟以上。最后，再搅拌一下或用蔬果研磨机研磨。加上鲜奶油，微温上桌。

和平之邸外墙上的名牌。

奶油蔬菜浓汤
（Cream of Vegetable Soup）

4 人份

罗琪塔说，浓稠的蔬菜汤"往往是家常午餐的第一道菜"。老实说，当时我觉得这简直是每天的酷刑——而且要是午餐没有奶油汤，那就一定是意大利杂菜汤——整个星期只有一天例外。这是我那个时代许多小孩子的共同命运。

如今我却怀念起那道奶油汤，我很乐意去和平之邸的花园里摘些叶用甜菜、密生西葫芦、胡萝卜、菠菜、土豆和芹菜来做这道菜。我喜欢待在玛列马（托斯卡纳的南部），我在那里有个菜园，让我非常满足。我相信我拿进厨房的装满各式蔬菜的篮子，一定会让罗琪塔欣喜。

做蔬菜汤时应该遵守一个基本原则：用刚刚采摘来的成熟新鲜食材，而且一定要当季，并尽量选择有机栽种作物。下面是夏季蔬菜汤的一种建议做法，不过你应该发挥你的创意。

- 8 片叶用甜菜叶
- 12 片菠菜叶
- 3 根小密生西葫芦（越大的密生西葫芦越软，比较没有味道），切片
- 2 根胡萝卜，去皮切片
- 1 颗熟番茄，切片
- 1 颗土豆，去皮切片
- 盐
- 特级初榨橄榄油
- 现磨帕尔马干酪

大锅里装 2 升稍稍加盐的凉水，下入蔬菜，大火烧开，再转中小火。不加盖煮蔬菜约 1 小时，直到收汁。用食物研磨器把蔬菜和高汤磨成泥，配上一点特级初榨橄榄油和适量帕尔马干酪。

酸奶黄瓜（Cucumbers with Yogurt）

4 人份

我们对这道菜没有什么创新。酸奶黄瓜是地中海经典菜，希腊特色是蒜味浓，黎巴嫩则用薄荷提味，它在风味小吃中占有一席之地，常作为每餐的开胃菜（有时也是压轴的小菜）。

实际上，在我们的瑞士版做法中，在夏日的花园餐宴里，常把黄瓜当作配菜，和其他沙拉及凉菜一并盛上。如果找不到味道较浓、含水少且几乎无籽的小黄瓜，可以适当减少黄瓜用量并在切丁前去瓤。

- 8 根小黄瓜，去皮切细丁
- 粗海盐
- 200 克原味希腊酸奶或脱乳清酸奶（黎巴嫩浓缩酸奶）

- 剁碎的新鲜薄荷
- 特级初榨橄榄油

把漏勺放在碗或水槽上方，撒粗盐为勺子里的小黄瓜丁略调味。在小黄瓜丁上方放个盘子，再用个轻量物品（比如一盒糖）压在上面至少 30 分钟，排出多余的水分和酸度。把沥掉水分的小黄瓜与酸奶混合，冷藏至准备上桌，适量加一些薄荷和橄榄油。

一个干旱的夏天，特洛什纳的奶牛们在和平之邸的花园吃草。

凉拌卷心菜（Coleslaw）

4 人份

凉拌卷心菜已经成为货真价实的美国经典菜色，从美国南方的户外烧烤和炸鸡飨宴到快餐连锁店的菜单，但其实它源自荷兰，菜名也来自荷兰（原名 koolsalade 卷心菜沙拉）。

这里提供的是我母亲最爱的做法。她在佛罗里达长船礁与沃德斯家族多次欢乐共餐，其中一次聚餐后，罗伯特的妹妹加尔达教会了她这道菜的做法。

· 1 颗中等大小白色或绿色卷心菜，去心

· ¼ 小匙（1.6 克）胡椒
· 1 小匙（5 克）芥末酱

酸奶酱汁
· 1 杯（230 克）酸奶
· 2 大匙（30 毫升）现榨柠檬汁
· 2 大匙（30 毫升）醋
· 1 小匙（5 克）糖
· 1 小匙（5.7 克）盐

简易卷心菜酱汁
· 1 大匙（14 克）糖
· 2 大匙（30 毫升）醋
· ¼ 小匙（1.4 克）盐
· 2 大匙（74 克）蛋黄酱

剥除卷心菜外叶，再把剩下的卷心菜刨细丝，混合你喜欢的酱汁充分拌匀，冷藏后上桌。

创新做法

凉拌卷心菜可以添加任意材料，变化无穷——从紫色卷心菜到块根芹都行——更不用说水果，尤其是苹果。

香煎胡萝卜（Sauteed Carrots）

4 人份

乔凡尼从菜园里刚采来的胡萝卜适合生吃——刨丝加柠檬汁——或者烤，或者打成泥，通常是作为烤肉的配菜。

· 1 千克胡萝卜，去皮切片　　　　· 1 小匙（5 克）蔗糖
· 1 大匙（14 克）无盐黄油　　　· 剁碎的欧芹，撒上用

用中型长柄锅沸水焯胡萝卜至软烂，约 5 分钟。

中大火烧热中型煎锅，加入黄油和糖，将胡萝卜从水中捞出，移至煎锅内，煎约 10 分钟至焦黄，撒上欧芹碎末后上桌。

胡萝卜泥（Pureed Carrots）

4 人份

· 6 根胡萝卜，去皮，切成约 1.3 厘米小丁　　· 现磨黑胡椒
· 3½ 大匙（50 克）无盐黄油，软化　　　　· 1 大匙（18 克）浓鲜奶油
· 盐

把胡萝卜放入中型长柄锅。锅内倒入凉水烧开。胡萝卜煮软后，放进有金属刃的食物料理机。加入黄油、适量盐和胡椒，以及鲜奶油（可随个人喜好增加分量），打到完全混合。喜欢烟熏味的可以用铝箔纸包住去皮胡萝卜，用户外烤架烤 45 分钟。这样做出的胡萝卜泥味道更浓，搭配烤肉非常对味。

土豆球（Potato Balls）

4 人份

我们最喜爱的配菜之一是土豆球。罗琪塔说，"只要有新生土豆"，她就会做这道菜——新生土豆通常在暮春时节就会收获，是还没有完全成熟的软嫩早熟土豆。罗琪塔会把土豆去皮，再用蔬果挖球器挖出球形。

· 1 千克土豆 　　　　　　　　　　　　　· 无盐黄油，涂抹用

烤箱加热至 200℃。烤盘涂沫上黄油。

每颗去皮土豆挖出球形，边挖边把已经挖好的土豆球放在凉水里。沥掉土豆表面的水分，再放入中型长柄锅，锅中倒入水。把水烧开，土豆煮 5 分钟后，捞出放到涂好黄油的烤盘上，土豆不要重叠在一起，烤约 20 分钟，至土豆蓬松并呈金黄色。

玉米棒子（Corn on the Cob）

和平之邸附近有许多玉米地。我们自己没种玉米，但自 9 月开始，邻近的农庄就会送玉米棒子给我们作礼物。大家都爱玉米棒子，包括我母亲，她去美国拜访朋友康妮·沃尔德时常常吃。

· 整根玉米，至少 1 人 1 根 　　　　　　· 无盐黄油，佐餐用
· 全脂牛奶 　　　　　　　　　　　　　· 盐，佐餐用

煮玉米棒的方法很多，也可以用户外烤架烧烤。先把未去皮的玉米浸在水中，再在烤架上烤 15 分钟。

我们家的做法是煮玉米。让玉米软嫩的秘诀在于，在平底锅里加入相同分量的水和牛奶盖住去皮的玉米棒，不加盖煮 10 分钟，趁热加上奶油和盐。

康妮·沃尔德的油醋酱（Connie Wald's Vinaigrette）

1杯（略少一点）

这个油醋酱是康妮·沃尔德的拿手调料，她从美国带了几罐给我母亲，作为她60岁的生日礼物。它独特的味道来自米醋——而非酒醋或巴萨米克醋，混合了橄榄油、酱油、盐、柠檬和胡椒，再加上一点芥末酱。为了增添酱汁的风味和浓稠度，康妮加入了半颗熟鳄梨果肉，与所有材料搅拌均匀。

- 半杯（120毫升）特级初榨橄榄油
- ¼杯（60毫升）未调味米醋
- 半颗柠檬榨汁
- 1小匙（18克）蜂蜜芥末酱
- 半颗熟鳄梨
- 少许酱油

除了酱油之外，把所有材料放入搅拌机中混合后，加入适量酱油搅拌均匀。

妈妈、康妮·沃尔德和妈妈的第二只约克夏犬阿萨姆，和平之邸；对页左图：康妮，和平之邸；对页右图：与安德鲁·沃尔德共进户外午餐，和平之邸。

蜜桃沙拉（Peach Salad）

6 人份

我们在和平之邸经常用这个方式享用桃子，食谱是罗琪塔传授给我的。我们自己没有种桃树，但拜瑞士乡间以物易物的交易方式所赐，我们的桃子来自邻居。

- 6 颗桃子，去皮去核，切角块
- 3 大匙（40 克）糖
- 1 颗柠檬榨汁
- 1 把新鲜薄荷叶

把桃子、糖和柠檬汁放入大碗里轻拌，置旁腌 1 小时。再把桃子放到盘子上，以新鲜薄荷叶装饰。

创新做法

在意大利，我们有时会加 1 把松子。蜜桃沙拉里加进 1 杯红酒，冷藏腌制数小时，是我们最爱的夏日甜点之一。保拉奶奶喜欢熟透的桃子，她总得意地拿给我们看，我们却因桃子几乎腐烂的外表而有点困惑。不过她是对的，那味道难以匹敌。

罗琪塔的糖煮苹果 (Rochita's Apple Compote)

8 人份

于贝尔·德·纪梵希曾说他最后一次和我母亲在和平之邸散步时，突然闻到强烈的苹果味。"我想要探寻它来自何方，循味而去，发现地窖一隅堆着很多马上要捐给救世军的苹果。"

我们家从没有少过苹果，实话说，简直是太多了。罗琪塔会根据时节，略微调整这道美味糖煮苹果的基本配方。其他苹果则用来做苹果奶酥和苹果汁。

· 1 杯（200 克）糖，多备一些调味用
· 8 个苹果（嘎啦或富士品种），去皮
  去核，切厚角块

· 1 大匙（15 毫升）柠檬汁

4 杯水煮沸，加糖搅拌均匀，加入苹果，转小火。慢煮约 15 到 20 分钟至软。再加入柠檬汁，尝一下味道，然后根据喜好再多加一点糖。用细网筛过滤，或用搅拌器搅打。

创新做法

冬天的做法

这是我们小孩冬天过节在家时最爱的甜点。罗琪塔会把糖煮苹果放进烤盘，加一点浓鲜奶油和蔗糖，再用 200℃烤至表面焦糖化。她会搭配饼干一起上桌。

夏天的做法

夏天时，罗琪塔会用比较清淡的做法。依原食谱备好糖煮苹果，冷藏放一夜。上桌前30分钟，打1个蛋清混入苹果。用一排苹果片装饰盘缘，把糖煮苹果放在盘子中央，一旁配上香草冰激凌。

大黄的做法

罗琪塔告诉我们大黄要像芹菜一样完全去叶，它的叶子可食用，但味道太苦。把大黄茎切成约5厘米长段。在中型长柄锅里加入一杯水和一些蔗糖，煮大黄至极软。煮的时间长短和糖的分量，视大黄质量及个人喜好而定。可微温享用或凉着吃，配上一点浓鲜奶油或香草冰激凌。

妈妈钟爱的和平之邸
柳树。

apple crumb.

Peel + core 3 apples large
slice thinly
cover bottom shallow
baking dish with
½ of apple sprinkle ½ cup sugar
and cover with remaining
apples
combine 1 cup flour
1 " brown sug.
nuts?
cream ½ cup butter
and work into mixture
add ½ teasp. cinnamon
spread mixture over apple
pressing down — slashes

P.S. I love you!
Bake mod. oven 50 mins

苹果奶酥（Apple Crumble）

4 人份

· 1 大匙（14 克）无盐黄油
· 5 个金冠苹果或王后苹果，去皮去核，
　切成约 1.3 厘米小丁
· 半颗柠檬榨汁
· ¾ 杯（150 克）红糖
· 1 小匙（6 克）肉桂粉

奶酥材料
· 1¾ 杯（180 克）面粉
· 120 克蔗糖
· 120 克无盐黄油，切丁
· 香草冰激凌或鲜奶油，佐餐用

烤箱加热至 200℃。在 9 英寸烤盘上均匀涂沫好黄油。

在大煎锅里融化黄油，加入苹果丁、柠檬汁、糖和肉桂粉。煎 2 分钟后关火。

在大碗里准备奶酥，迅速混合面粉、蔗糖和奶油。把苹果倒入准备好的烤盘中，用一层奶酥混合物盖住苹果，烤 30 分钟。等表面呈金黄色后，从烤箱里取出放凉。

苹果奶酥仍微温时上桌，搭配香草冰激凌或鲜奶油。

对页图：康妮的苹果奶酥食谱；右图：和平之邸笺头文字。

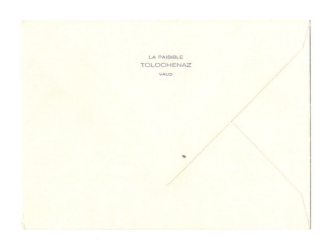

酒酿梨子（Pears in Wine）

4 人份

· 1¼ 杯（300 毫升）红酒
· 1 杯（200 克）糖
· 1 根肉桂棒
· 3 到 4 粒丁香

· 2 到 3 个豆蔻荚，压碎
· 4 颗博斯克梨（或阿巴特梨等品种），
　去皮，连茎整颗待用
· 香草冰激凌，佐餐用

在足以放进梨子的长柄锅里，加入 1 杯（240 毫升）水、红酒和糖，中火煮沸。再加入肉桂、丁香和压碎的豆蔻荚。几分钟后，小心加入梨子，转小火煮 10 至 15 分钟，不时翻动，让梨子均匀浸入酱汁。小心地从酱汁中取出梨子，放在盘中置旁待凉。用细网筛滤酱汁，倒入小型长柄锅里，转小火煮至糖浆状。把酱汁浇在梨上，配上香草冰激凌。

右图：妈妈的和平之邸花园画作，现在挂在我罗马的家里；对页图：妈妈用来描绘菜园画作的照片。

厨房之外：乔凡尼的堆肥

很多人不知道，大部分蔬菜都是"食虫植物"，所以英国妇女建议把肥肉"种"在玫瑰根部附近，任它腐烂分解。如果你养的狗嗅觉灵敏又擅长挖掘，那么这种极端的做法就有点危险。

妈妈养了四条狗，而乔凡尼有自己的妙招，不用上肉铺就能照顾家里的植物。

乔凡尼的混合配方堪称竞技级别，其中名列第一的是冒着蒸汽的巨大堆肥山，标识出他的领地——有点像被瑞士土壤包围的地中海圈地——与和平之邸名义上的正式园丁尼科尔先生管辖的较不肥沃的土地相比，两者之间的界限一目了然。

那是个巨大的土堆，超过 13 英尺高，主要是由割下的草和花朵堆积而成，并用落叶和腐烂的水果让它更肥沃。乔凡尼会从底部挖出一车又一车油滋滋又芬芳的泥土。

堆肥里生长了很多大肉虫，爸爸和瑞士人比赛钓鳟鱼时，这些肉虫非常有效。它们满足了妈妈的花朵和青菜所需的有机肥料。

三文鱼烤土豆：
除夕夜飨宴

我小时候，我们家还有"节庆料理"的传统，并不是所有美食时时都有。比如烟熏三文鱼只有圣诞节时才吃得到，我们家则特别把它留到除夕夜才吃。因此，对于还是小孩的我，这成了另一个因即将来临的佳节而兴奋的原因。

我们总是在乡间的和平之邸过圣诞节，但到了除夕夜，我们会上山去庆祝一年的结束。年夜饭总在瑞士阿尔卑斯山上格施塔德妈妈的小木屋里享用，她在 1970 年代买下那座小屋，而且大家都很满意的是，它小到不能举行人多的大聚会。餐桌只能挤 8 个人，而香槟会让妈妈胃部不适，所以我们不喝香槟庆祝，代之以在"我们的"莫尔日地区生产的"独角兽"黑皮诺葡萄酒，或者"艾格勒酒庄"生产的白葡萄酒。

当晚最令人兴奋的活动是我们倚在阳台上放小小的烟花。

妈妈在华伦天奴及其事业伙伴吉安卡罗·贾梅蒂位于格施塔德的家。

155

妈妈和我在格施塔德，1977年。

那是格施塔德所容许放纵行为的极限，当时那里的确可谓"阿尔卑斯山的天堂"——就像布莱克·爱德华兹执导的电影《粉红豹系列：活宝》（1976）里，德雷福斯探长（赫伯特·洛姆饰）所形容的一样，只是后来克鲁索探长（彼得·塞勒斯饰）把那里变成"一座废墟"。不过当时格施塔德也是非常保守的地方。

长大后，我也吵着要有轮转烟花和火山爆发的那种烟花。妈妈很不情愿地答应了，只是有一年新年运气不佳，一朵烟花在我的滑雪帽里爆炸，显然是以克鲁索探长那样的方式着了火。我一点也没受伤，不过那丢脸的感觉让我很难堪。

布莱克·爱德华兹和他的妻子朱莉·安德鲁斯都是妈妈的好友，他们每年冬天都会来格施塔德。根据当地传说，有一年朱莉想把盎格鲁–撒克逊传统的圣诞灯饰进口到瑞士，好缓和瑞士严肃的气氛。她捐了成串的小灯给这个村子，挂在城镇中心家家户户的屋顶下。大家都很欢喜，后来她收到一张天价的电费账单。

我记得她来共进晚餐的那一年，那时我八九岁，上了餐桌，头发梳得整整齐齐，衣服熨烫得平整硬挺。无论我对好莱坞名人多么一无所知，都知道和"玛丽·波平斯"一起用餐的机会可不是天天都有。我十分紧张拘束，但朱莉·安德鲁斯非常亲切，马上缓和紧张气氛，教我怎么用下排牙齿吹口哨。

在餐桌上，除了瑞士鲁日蒙产的多姆奶酪和一些格劳宾登名产风干牛肉片之外，主菜是丰盛的铝箔纸包烤土豆——就像"窈窕淑女"伊莉莎·杜利特尔会在最正宗的伦敦小酒馆里看到的那种——里面塞了烟熏三文鱼。

自左上顺时针：和平之邸的圣诞树，1975年；罗琪塔和乔凡尼·奥鲁纳纳苏的女儿玛丽莱娜跟我在格施塔德玩桌上曲棍球，1975年；妈妈和我在罗马过圣诞节，1974年；爸爸和我在圣诞餐桌上，和平之邸。

三文鱼烤土豆
（Baked Potato with Salmon）

4 人份

- 4 大颗焗烤用土豆
- 1 条（120 克）最优质无盐黄油
- 100 克酸奶

- 4 片烟熏野生三文鱼，切成长条
- 1 把细香葱，剁碎

烤箱加热至 180℃。

用铝箔纸分别包好每颗土豆，细心封口。放在烤箱架上烤约 45 分钟。用叉子刺入土豆，检查熟度；如果叉子平顺地刺进土豆，就表示熟了。从烤箱里取出土豆，继续放在铝箔纸内几分钟，直到凉至可手拿。用刀切开土豆，放上一小块黄油、一团酸奶和烟熏三文鱼，再撒上一点细香葱。

创新做法

烤土豆可用各种不同的方式调味（及佐餐）。在英国，"夹克土豆"常作为主菜（且是唯一的菜），我们新年时就是这样吃，搭配形形色色的配菜，从瓦什汗瓦奶酪到白鲟鱼子酱都包括在内。

如果有剩下的烟熏三文鱼，可以放在单片三明治上：北欧式，用黑面包、奶油和现切红葱圈；或者地中海式，搭配刺山柑花蕾和红洋葱。

烹调秘诀

铝箔纸包的土豆用煤气炉或电烤箱就可以烤得很美味，但最棒的烹调方式是在户外烤架或壁炉里用炭火烤。

上图：妈妈和我，格施塔德，1971 年；
下图，与谢丽尔·多蒂、卡普西尼、我，
格施塔德，1971 年。

格施塔德青酱意大利扁面：
在阿尔卑斯山百折不挠

"一年冬天，我们受邀到华伦天奴和吉安卡罗在格施塔德的美丽小木屋，享用一顿非常豪华的晚餐。几天后，我们回请他们到我们家——里科小木屋共进便饭。奥黛丽准备了她的奶油青酱、一些格劳宾登肉制品，还有水煮新土豆。"

——罗伯特·沃德斯

爸爸镜头下的妈妈，
约1969年。

有两件事令妈妈真正倍觉骄傲。第一件是在《盲女惊魂记》中饰演盲女苏西，学习像盲人那样"看不见"。导演特伦斯·杨原本建议她用特殊镜片，但她认为那会把她的脸变得像面具一样。因此，她到纽约"光明之家"去受训。

她拍电影从没拍得如此辛苦，也因为这不是常见的"奥黛丽"角色而感到骄傲。小时候，我也很想看她拍其他类型的电影。公主的角色未免太浪漫了。我第一次看007电影时，不由

妈妈和罗伯特坐在绵羊制沙发上，华伦天奴和吉安卡罗家，格施塔德。

得想说服妈妈打电话给"好莱坞"（管它那是什么意思），争取恶魔党组织头目的角色，可惜妈妈没答应。

让妈妈自豪的第二件事与她和时尚设计师华伦天奴的情谊有关。早在他成为时尚界"天王"之前许久，妈妈就认识他了。那时她请朋友洛里安·弗兰凯蒂·盖塔尼－洛瓦泰利推荐一位罗马的优秀设计师给她，洛里安推荐的就是年轻的明日之星：华伦天奴·加拉瓦尼。

许久以后，华伦天奴向我母亲借他为她制作的几套服装，准备在他二十五年作品展中展出，收到之后，他致电感谢我母亲说："你是唯一尊重我作品的人，它们就像新的一样。"妈妈为此深感自豪。

华伦天奴是妈妈的好朋友，他们俩相知相惜，但同时又保持彼此敬重的距离。我记得妈妈在家等华伦天奴和吉安卡罗·贾梅蒂来晚餐时，兴奋得像个小女孩。她想要以自己的方式来欢迎他们。华伦天奴邀请她享用豪华晚餐，她却要以意大利面食回报。

那时我们在格施塔德，妈妈在那里有她自己的朋友。那里有意大利社交圈（爸爸和他的兄弟自幼就常来此地），但也有少数几位"在山里的好莱坞明星"，都是妈妈的好友。我记得的有罗杰·摩尔（二代007，因此发现"詹姆斯·邦德"原来不会滑雪）、罗伯特·瓦格纳、演员兼女模特卡普西尼，还有朱莉·安德鲁斯和布莱克·爱德华兹。

妈妈和她的伴侣罗伯特长时间待在格施塔德。她爱置身群山之中，部分原因是房子小而朴实，没什么家具，没有空间容纳她亲爱却无时无刻不在的乔凡娜。"太太，你要煮什么？"乔凡娜十分忧虑地问她。"别担心，我会想办法。"她可以凡事自己动手：从买菜到烹饪一手包办。而且她决心一定要把它做好。妈妈打算做青酱细意大利扁面招待华伦天奴。可是在伯尔尼高地，她要去哪里找罗勒？

妈妈是金牛座，不肯放弃，逼着可怜的罗伯特驱车上上下下跑遍了格施塔德附近的三个山谷，到每一个村子的每一家店去找所有可买到的罗勒叶。可是还是不够。妈妈虽然顽固，却也很实际，决定妥协。她用欧芹来代替不够的罗勒，结果"格施塔德式"青酱大获成功。

我该赶紧澄清，妈妈的青酱与传统青酱截然不同，传统的食谱自 19 世纪中期以来不曾改变过，发源地热那亚人引以为傲的确有其道理。做这种酱需要耐心和纪律，原料和使用的器皿绝不容许半点妥协。我把较正统的食谱版本列在"创新做法"段落。

妈妈的青酱特色完全不同。准备工夫迅速，因此在朋友没空或不想做菜时，我常把妈妈的做法介绍给他们。我第一次这么做时，他们瞪着眼睛不敢置信地看着我；在他们的印象中，做青酱劳心劳力，这种另类做法必然是怪异的外国产物。但他们品尝过后，最后都偷走了我的食谱。

妈妈在侏罗山徒步。

格施塔德青酱意大利扁面
（Gstaad's Pesto）

6 人份

· 600 克细扁面
· 2 杯（50 克）罗勒叶
· 1 杯（50 克）欧芹叶
· 半瓣蒜瓣，切碎

· ⅓ 杯（80 毫升）特级初榨橄榄油
· 2 大匙（30 毫升）牛奶或原味酸奶
· 4 颗核桃仁，或 2 大匙（20 克）松子
· ⅓ 杯（40 克）磨碎的帕尔马干酪

用稍微加盐的大量沸水煮细扁面。

用手略微撕碎或用剪刀剪碎罗勒叶和欧芹叶，细心去掉带苦味的茎，放进食物料理机。加入蒜、油、一点牛奶和核桃仁，打到均匀混合成泥。加入剩下的牛奶和一点煮面的水，再打一小段时间至混合。把青酱移至大碗里，加入帕尔马干酪搅拌均匀。

面条煮到弹牙时，沥干水分，轻拌青酱包裹住面条。

创新做法

要做正统的热那亚青酱，得用大理石臼和木杵。用凉水洗净罗勒并擦干。同时在臼中磨碎蒜瓣（每 30 片罗勒叶配 1 瓣蒜瓣）。慢慢加进叶子，一次几片，以持续旋转的动作研磨。等罗勒开始变成绿色汁液时，加 1 把松子和一点磨碎的奶酪——帕尔马干酪或萨丁尼亚绵羊奶酪最佳——最后再加入橄榄油。

红罗勒青酱是妈妈食谱的番茄变化版。只要把罗勒的量减半，加上 100 至 150 克日晒番茄干，放进食物料理机打匀即可，配上帕尔马干酪薄片。

妈妈和康妮在侏罗山。

汤匙牛肉：
大费周章的生日惊喜

"这是炖牛肉。它需要花费很多时间，是纪梵希先生最爱吃的菜。他总是一要再要，而我会为他烹煮，搭配土豆泥。"

——罗琪塔·奥鲁纳苏

`

这一切往事历历如昨。我记得父亲用心满意足的语气说："那很不容易，但你妈妈和我终于找到了这道食谱。"食谱书上很难找到这道菜，而如果把握不好适当的火候，汤匙牛肉不过是另一种炖牛肉而已。

基于这个原因，这道菜成了特殊时刻才有的菜系。人人都为汤匙牛肉欣喜。我们爱这必须漫长等待的仪式。而送这道菜上桌的乔凡娜必然会得到她心仪的名流恭维赞赏，他们造访时，她也无微不至地招待他们。

妈妈和小狗"佩妮"在和平之邸前的柳树旁。

1989 年 5 月初的那个周末就是一个特殊时刻。妈妈年届 60，

上图：妈妈和朋友们，和平之邸，1964年；下图：和平之邸的复活节桌饰。

刚开始她的"第三人生"——这辈子她先是演员，后来成为全职母亲，现在则成为联合国儿童基金会的亲善大使。担任大使后的她，刚结束了第一趟旅程，归来后虽然疲惫而且有点不适，依然回到和平之邸跟肖恩和我团聚。肖恩和他太太玛丽娜从美国赶来，而我则从刚迁居的伦敦回家。妈妈希望在家和家人过个简单的生日，也稍事休息。不过她的三位好友——多丽丝·布林纳、卡普西尼和康妮·沃尔德——意外现身，要给她一个惊喜，庆祝她人生的重要时刻。

她们非常难在同一地方相聚，部分原因是虽然多丽丝住在附近，但康妮得大老远从洛杉矶赶来。她们的个性天差地别，这也是妈妈宁可分别与她们相聚的原因之一。妈妈梦想的不是铺张的生日，而是在床上吃早餐，穿着睡袍懒洋洋地度过晨光——但现在她得早早起床，当个称职的主人。

早在清晨时分，需要时间炖煮的汤匙牛肉就已经在乔凡娜的监督下烹煮了，她早已习惯分享妈妈的所有欢喜忧伤，因此她很紧张。她的菜成了整个活动的枢纽，催化了凝聚在餐桌上的紧张感。

汤匙牛肉郑重其事地进场了，配得上普鲁斯特笔下的文字："撒了香料的冷牛肉搭配胡萝卜……在我家厨房米开朗琪罗设计下，躺在如一块块晶莹石英的硕大肉冻晶体上。"乔凡娜像举行仪式一样，把肉放在白色大盘中，它成为众所瞩目的焦点，一大块牛肉浸在浓稠的深色酱汁里。

或许是因为众目睽睽而紧张，也或许是因为手上那块牛肉的重责大任，总之乔凡娜绊了一跤。锅盖滑掉，牛肉弹出，掉在玛丽娜的露肩低领洋装上。表面上的和谐粉碎了。我脱口而出："现在我们要吃什么？"我想不起大家是不是设法拯救了那块牛肉，不过有很长一段时间我都没再吃过那道菜，直到我为本书取材时自己动手烹煮。

妈妈和友人卡普西尼，
和平之邸。

汤匙牛肉
(Bœuf à la Cuillère)

6 人份

汤匙牛肉和其他炖牛肉的不同之处首先就在于火候。肉必须在 160℃的烤箱里烤五个半小时。这是做这道菜的唯一方法,而且肉的部位要精挑细选——让肉能分开却不致糊烂,可用汤匙舀食,所以才叫汤匙牛肉。

另一点要注意的是选择正确的食材。你得买一块耐煮的牛肉——法国人所谓的"paleron"(牛肩肉)——也就是英文的"chuck",不过牛腱子肉也行。我建议直接拿一张牛肉部位图去肉铺,才能和肉贩一起选择最合适的部位,以免产生误解或分歧。

- 特级初榨橄榄油
- 1½ 千克牛肉,选择价廉的部位,如牛肩肉或牛腱子肉,整块不用切,去脂肪
- 1 瓣蒜瓣,切碎
- 3 个洋葱,去皮切碎
- 3 杯(700 毫升)牛肉高汤
- 1 杯(240 毫升)玛萨拉酒(干型,陈酿至少 2 年)
- 2 大匙(30 克)番茄糊
- 香料束(百里香、欧芹、鼠尾草、月桂叶)

烤箱加热至 160℃。

在大型有盖铸铁锅或炖锅的底部倒上油,开中火。油热之后,放入肉块,油炸各面约 5 分钟。加入切碎的蒜和洋葱,再煮 5 分钟,转中小火,注意不要让材料烧焦,整锅离火。

在大碗里加入高汤、玛萨拉酒和番茄糊混合,然后浇在肉上。加入香料束,把加盖的锅子放进烤箱。牛肉应该脂肪面朝上,让它慢慢煮至软化。

牛肉煮到一半(约 3 小时后)应翻面。再煮两个半小时后整锅取出烤箱,丢弃香料束,用汤匙舀食。

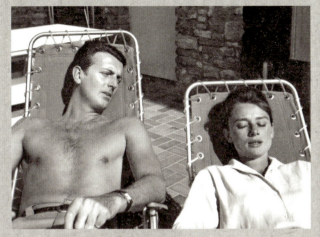

自左上顺时针：妈妈和纪梵希在晒日光浴，1960年；康妮·沃尔德和尤尔·布林纳，和平之邸；在和平之邸过复活节。

葡萄酒

有些无所谓的人认为，反正葡萄酒会挥发，对肉的味道没有多大影响。这种说法并不正确。有一条简单的准则：酒越好，做出来的菜越香。在和平之邸，妈妈通常用当地的酒来炖煮（瑞士有很棒的红酒，其中又以"独角兽"黑皮诺葡萄酒最佳）。如果你想要较甜较清爽的口味，可以用马德拉酒取代食谱中的玛萨拉酒。

双色宽扁面：
美食不用翻译

全世界没有一个地方像日本这样热烈而广泛地崇拜我母亲。几年前在当地一项最喜爱的历史人物调查中，母亲名列第三十一，甚至在甘地之前。即使时至今日，日本人除了通过广告、影片、海报和形形色色的纪念品来崇拜她的影像之外，还远道前来特洛什纳，遥望和平之邸，并在母亲的墓前留下小石头，表达他们的爱意。他们也在罗马虔诚地追随安妮公主的脚步，展开一段"罗马假日之旅"。

我小时候，正是这些日本影迷让我明白，即使妈妈已经息影，她依旧是"名人"。许多礼物源源不绝地从远东寄来，尤其是装了折纸的罐子，我猜是表明他们对她始终如一的崇敬。他们寄来的长信里还会附上照片，而我自愿担任她的私人秘书，好收集那些异国邮票。

一位日本文化专家解释说，日本民众对我妈妈的这股热情，部分源于他们可以在她身上找到认同。日本女性不太可能想象自己像玛丽莲·梦露，妈妈则是平易近人的象征：身材娇

妈妈在京都金阁寺，
1983年。

上图和对页图：妈妈在京都金阁寺，1983年。

小、优雅又独特，一头黑发，生了一双凤眼。有人问她对于日本人热情崇拜她的看法，她说："的确很意外，或许我看起来像日本人。"我不知道这是否足以解释背后的原因，但我喜欢把母亲想成荣誉日本人，部分也因为我小时候第一次去日本，就爱上了那个地方。那一次旅行成了全家的回忆，令我们印象深刻。

那是1980年代初，妈妈赴日本是为了参加"纪梵希服饰三十年"纪念的高级定制服装展。她借此机会带着家人同行，展开这段在当时算是充满异国风情的东方之旅。我记得在飞机上，乔凡娜一直不肯闭上眼睛，不想错过我们飞往地球另一端的漫长旅程的一分一秒。

当时确实有东西文化震撼，至少对我们来说是如此，尤其是妈妈。我因为接触到早期的电子游戏而兴奋不已。她则犯了无数小过错，我记得一段悲喜交加的插曲，她见到东京一家超大型购物中心的负责人，纪梵希的精品店就在那里开幕。那人得意扬扬地拿出他的签名簿，把它当成《圣经》一样珍惜。他慎重地向她说明，他为每位名人都准备了一页，请她签名的那一页已经预留了一段时间。妈妈因时差疲惫不堪，没有特别注意细节。她漫不经心地翻阅签名簿，正好看到詹姆斯·斯图尔特的签名页。"看，我的朋友吉米也在这里——我就在这里签名，好和他做伴。"她拿起笔时，我看到那名男子脸色发青，说不出话来。他完美的签名簿就此报销。我觉得非常抱歉。

后来妈妈还和倍受尊敬的禅宗园林艺术家抬起了杠，因为那位"人间国宝"（或者是"重要无形文化财产保持者"）不肯让一个小孩接近他的艺术杰作。我在日本期间，感染了所有日本小孩当年都感染的流行性感冒，妈妈不想让乔凡娜"终生难得的旅途"泡汤，就留下来自己照顾我，并指派我的保姆代表她参加各种社交活动，令我们的主人大吃一惊。总而言之，这是一次曾经很熟悉的那种美妙旅程，那时世界感觉起来比现在大得多，名流们也不把自己孤立在一成不变的红地毯上，远离那些令自己迷惑但令旅程充满意外之喜的小事。

　　拜陪同翻译加藤多喜所赐，妈妈很快就爱上了日本，并与她建立了无与伦比的情谊，使日本独特的文化不致"在翻译中迷失"。然而，在饮食上妈妈的确做了一番抵抗，她不吃寿司和生鱼片。为了弥补这点，加藤女士有一次到罗马来时，在我们家发现意大利面竟有绿色的，后来就把双色宽扁面的食谱带回了日本。

双色宽扁面
（Paglia e Fieno）

4 人份

双色宽扁面是结合鸡蛋面（paglia 为"稻草"之意）与菠菜面（fieno 为"干草"之意）的一种意大利面，是意大利北部艾米利亚区的经典菜色——尤其适合用来做宽扁面——这里的食谱搭配简单的酱汁，最讨儿童欢心。市面上可以买到干的双色宽扁面，圈成小团状或鸟巢状出售。我母亲喜欢用瑞士艾蒙塔尔奶酪来缓和帕尔马干酪的气味，并以熟火腿代替生火腿。

· 50 克豌豆（不是绝对必要，尤其若有不喜欢豌豆的小孩在座时可免）
· 半颗中等大小的洋葱，去皮剁碎
· 2 大匙（28 克）无盐黄油
· 100 克熟火腿，切碎
· 200 毫升鲜奶油

· 500 克双色宽扁面
· ⅔ 杯（80 克）磨碎的帕尔马干酪，⅓ 杯（38 克）磨碎的艾蒙塔尔奶酪，混合在一起
· 盐和胡椒

在准备煮面的大锅里用加盐的沸水煮豌豆，煮熟后置旁。

在大煎锅中开中小火用黄油把洋葱煎至褐色，然后加入火腿。煮约 8 分钟后，等火腿呈金黄色时加入豌豆，之后加入鲜奶油搅拌均匀。

用沸水煮宽扁面。留半杯（120 毫升）煮面水备用。面条还非常弹牙时，沥掉水分。开中火，把面条和一半的奶酪加到盛酱汁的煎锅里，徐徐以煮面水稀释，轻拌混合。以盐和胡椒调味，加入剩下的奶酪即可上桌。

创新做法

理论上，双色宽扁面可搭配任何酱料，但我建议试试番茄肉酱，或者用切成条状的意式烟熏火腿（上阿迪杰区烟熏火腿）来取代火腿。

自左上顺时针：妈妈在东京艺伎屋品尝清酒，1983年；和我在东京艺伎屋晚餐，1983年；与加藤多喜在"纪梵希服饰三十年"巴黎拍摄现场，1983年；与纪梵希在东京"纪梵希服饰三十年"回顾展，1983年4月9日；在东京艺伎屋试穿和服，1983年。

烤小牛肉配蘑菇酱：
奥黛丽·赫本赶大集

我青少年时期，求着妈妈买"她梦想的捷豹跑车"，可是她三言两语就把我打发了："狗狗要坐在哪里？我买的菜要放在哪里？"

妈妈自己购物，她对琳琅满目的超市有无比的热情。战时需要粮票才能买 30 克黄油的少女，如今可以推着推车恣意徜徉，为各种丰富的物资心醉神驰。她也爱小村子里的市场，经常造访莫尔日，那是和平之邸附近的小城，她在那里找到她喜爱的有机产品——在当时绝无仅有——而她在奶酪店买的味道非凡的嫩滑多姆奶酪，更是我们每个月"瑞士晚餐"仪式的重点菜色。赶集日是大日子，农民和牧民的货车上装满的新鲜产品占据着大街。只要妈妈在瑞士，绝不会错过，仅仅是探索季节变换带来的新农作收获，就令她心满意足。

妈妈在和平之邸前，1985年。这是我最喜欢的妈妈的照片之一。

罗琪塔说，她们一起拟出采购单，但妈妈想要独自去市场，有时罗伯特或她的好友多丽丝会陪她一起去。她可以在莫尔日找到很多新鲜的青菜（她菜园里的菜不一定够）。她还喜欢挑选烘烤用的牛肉和小牛肉的适当部位，但心疼地避开在瑞士很常见的马肉贩子。

　　不过她最爱去的地方是更远的一个市场，每到6月底，那里会有蘑菇出售，颜色由金黄到棕褐应有尽有。在美国，大家用法文称呼它们：chanterelles（鸡油菌），可是法国人也给它们取了个别名"trompettes de la mort"（"死亡号角"），我小时候对这个名字非常不安。

　　在最好的年份，雨水和热度各尽其职，6月至10月的瑞士森林就成了货真价实的蘑菇宝库，你很难抗拒到林间采菇的诱惑。夏日时分，妻子和我常设好闹钟，黎明即起，到山崖边寻觅牛肝菌和鸡油菌。我们总爱向邻居海蒂和迪迪埃·马萨德挑战，要进行采菇比赛（业余采菇人的竞赛让所有蘑菇食谱更美味）。

　　尽管妈妈很能走路，却从没有像采菇人一样穿着及膝长袜走进森林去采蘑菇。她比较喜欢在市场上采购鸡油菌，用它来搭配烤小牛肉的酱汁。

妈妈在一大片壮观的花田间，1992年5月。

烤小牛肉配蘑菇酱
（Veal Roast with Mushroom Sauce）

4 人份

- 1 千克小牛后腿肉、小牛肩肉卷或小牛无骨腰脊肉
- 4 片鼠尾草叶
- 1 根迷迭香
- 盐
- 现磨黑胡椒
- 2 大匙（28 克）无盐黄油
- 1 根胡萝卜，去皮切细丁
- 1 根芹菜茎，切细丁
- 1 个洋葱，去皮切细丁
- 1 杯（240 毫升）不甜的白葡萄酒
- 1 升牛奶（足够盖住牛肉）

酱汁材料
- 4 杯（400 克）黄棕色鸡油菌
- 1 瓣蒜瓣，压碎
- 1 杯（240 毫升）浓鲜奶油
- 1 束欧芹，剁碎

请肉贩帮你把肉绑好，将鼠尾草和迷迭香塞进绑肉的细绳下，用盐和胡椒揉搓整个肉块表面。

在大煎锅里用黄油把肉块各面煎至褐色。大锅小火煮胡萝卜、芹菜和半个剁碎的洋葱，煮软但不要呈褐色。加入肉块和半杯（120 毫升）白葡萄酒，煮至酒精蒸发；在长柄锅里中小火温牛奶，然后浇在烤肉块上。加盖，小火煮约 30 分钟。

准备酱汁：在大煎锅里煮鸡油菌、蒜、剩下的半个洋葱和半杯（120 毫升）白葡萄酒。等鸡油菌水分蒸发，锅里的汤汁收干后，加入鲜奶油搅拌均匀。从锅里取出烤肉块，肉汁留在锅底；加入鸡油菌酱汁搅拌。牛肉切片放在大盘上，浇上鸡油菌酱，并撒上切碎的新鲜欧芹。

🍳 烹调秘诀

我们在瑞士的邻居海蒂和迪迪埃用小块的烤面包，略微煎一下的鲜鹅肝和炒鸡油菌或牛肝菌，做出了不可思议的开胃小菜。

自左上顺时针：我父母亲和多丽丝在圣莫里兹的考尔维利亚山，瑞士；和我们的爱犬"洁西"，
非纯种杰克·罗素梗犬，和平之邸；我父母亲和多丽丝及她女儿维多利亚·布林纳，和平之邸；
对页图：瑞士莫尔日的市场"大街"。

"她最快乐的时候是不用化妆，在家与宠物狗、与花儿做伴咯咯地笑，或者去看电影，不做电影明星，不做全世界成千上万人的偶像。"

——多丽丝·布林纳

5

返璞归真：
快乐的真谛

番茄酱意大利面：
家，就在这道食谱里

"她出远门回来时，我会做好这道菜等她，再配一点香草冰激凌或糖煮水果。我们用的是自家菜园里的番茄。乔凡尼总是把它们整颗冷冻起来，这样冬天也有番茄可吃。我会在前一天晚上将它们放进厨房窗台上的漏勺中。早上去皮时，就可以闻到夏天的气息。接着我会用芹菜、洋葱、油、一点糖和罗勒，做出非常简单的酱汁。"

——罗琪塔·奥鲁纳苏

前跨页图：妈妈在尚鲁斯（格勒诺布尔附近）冬季奥运会，1968年；对页图：和平之邸的夏日花园聚会，1970年代初。

　　妈妈有个非常严重的成瘾问题，那就是不能没有意大利面。她不但在家吃，到餐厅也点意大利面。如果侍者拿出精致繁复的大餐菜单让她挑选，她会有点不好意思地说："如果不麻烦的话，给我来一份简单的番茄酱意大利面，外加一点橄榄油就好。"
　　这是她长久以来"慢慢成瘾"的快乐。她的朋友安娜·卡塔尔迪记得头几次和妈妈共同进餐的情景。妈妈拿"清汤"招待她，精致高雅却淡而无味。这样的菜色没有持续很久。我在属于年轻新娘奥黛丽·赫本·费勒的食谱书里找到的几乎所有菜色，就像那道"清汤"一样，都逐渐消失了。当她的"罗马假日"变成罗马人生之后，妈妈开始把自己从繁复造作的食谱中解放出来，偏爱做法比较简单但更富味道的食谱。不仅烹饪如此，她对其他事物也一样。

妈妈和我。

奥黛丽·赫本离开影坛，成为一位母亲。她作别上流社会，只邀请真正的朋友到家里做客。番茄酱意大利面就等于是在说："请进，这是我家，这就是我，别期待我会有别的模样。"她吃很多意大利面。我小时候从没想过妈妈是胖是瘦的问题，但我记得亲戚朋友都很惊讶她竟然吃不胖。不过妈妈从不限制自己的食欲，她经常会自己去盛第二盘意大利面，满满全是面。这是她每餐的压轴饭，就像在许多意大利家庭里一样，意大利面只有名义上的第一盘，实际上可以取用多次。

妈妈和所有意大利人一样，在国外旅行一阵子后就会觉得非吃意大利面不可。她早已习惯了全球奔波，却也改不了这种意大利胃口。因此每当她出远门回来，一定要有番茄酱意大利面供她享用。

我记得最后几次与她同游的情景。有一次我们刚抵达牙买加，罗伯特提起她的行李箱进房间。大行李箱装的都是她的衣服和海滩用品，但很轻，一个小行李箱却很重。"你放了什么在里面，砖头？"他问道。"意大利面！"妈妈带着满足的微笑回答，而且还有橄榄油和帕尔马干酪。

The
TALISMAN
ITALIAN
COOK
BOOK
by
ADA BONI

pasta   bolito
olive neri   pomodoro
pros.   cedano
gruyera   basilico
basilico.   campanello

自左上顺时针：妈妈和她哥哥伊恩，在罗马享用意大利宽面；艾达·博尼的《意大利看家食谱宝典》——婆婆给每一个意大利年轻媳妇的第一份礼物；妈妈的买菜笔记；在和平之邸的聚会中为孩子们盛食物，1970年代初；与罗伯特在格施塔德，1989年；与康妮在她家厨房，比弗利山，1979年。

番茄酱意大利面

（Spaghetti al Pomodoro）

4 人份

· 1.5 千克带茎熟番茄，去核
　切粗丁
· 1 个洋葱，去皮，保持完整
· 1 根芹菜茎，洗净，保持完整
· 1 根胡萝卜，洗净，保持完整
· 现磨黑胡椒
· 帕尔马干酪

· 6 片罗勒叶，切碎，另备数片
　完整叶片装饰用
· 特级初榨橄榄油
· 少许糖
· 盐
· 500 克意大利长面

先在加盖的大平底锅里大火煮番茄、洋葱、芹菜和胡萝卜约 10
分钟，至蔬菜软化。

拿掉盖子，继续烹煮 10 至 15 分钟，不时以木勺搅动。

转中小火，加入罗勒叶，浇上少许油。依那不勒斯人的说法，
等到 "pipiotta"，也就是泡泡不再是水而是呈小坑状的酱汁，
番茄酱汁就算煮好了。离火，去掉大块的蔬菜，酱汁静置
待凉。

等烹煮完成，用手动式不锈钢食物研磨器把番茄酱汁和蔬菜块
磨成稠度适当的菜泥。这也会去掉带苦味的皮和番茄籽。

浇一点橄榄油，加 1 撮糖调和苦味，加盐和胡椒调味。

意大利面要煮至弹牙，先在大锅里装满凉水，开大火。水滚时
加入 1 把粗盐和意大利面，不要把面条弄断。

面煮好后，关火（可以比面条包装上建议的煮面时间再早 1 分钟）。倒入漏勺沥掉水分，再把面加入酱汁中，撒一点帕尔马干酪。轻拌均匀，并以几片罗勒叶装饰。

创新做法

妈妈的培根奶酪番茄酱

妈妈也爱培根奶酪番茄酱意大利面。经典做法是把一种盐渍猪脸肉切成小长条，在小煎锅里煎黄至香脆。如果买不到猪脸肉，可用意式培根或一般培根，加入酱汁泥里，小火慢煮几分钟。妈妈的做法比较清爽，她用风干火腿取代盐渍猪脸肉，煎至褐色后，用纸巾吸掉油脂。

烹调秘诀

挑选番茄：第一要务是选择番茄。没有固定的规则：能做出最好酱汁的番茄就是好番茄（沙拉用番茄是另一回事）。在意大利，我们常用圣玛泽诺品番茄，不过只要季节对，你大概也可以在商店里找到其他适用的番茄。比如在瑞士，我发现伯尔尼的番茄出人意料地好吃。

如果可能，自己种番茄更好。番茄不难种植，栽在盆子（或大罐子）里，放在阳台或有阳光的窗台上就能生长。

奶酪通心粉：
窈窕淑女奥黛丽

"你在电影里看到的，就是她现实生活中的样子。奥黛丽真的是你所期望的模样。"

——拉尔夫·劳伦

妈妈和我，罗马，
1973年。

意大利人认为奶酪通心粉歪曲了他们的饮食传统，而美国人则觉得那是他们国家的骄傲。同属此类食物的还包括如意大利面和肉丸，以及用上意大利腊肠馅料的芝加哥比萨。我那位跨国界的母亲开心地越过这些界限，毫不在意权威食谱所列的规矩。

美国人做的奶酪通心粉倒不全然是失败的，据说托马斯·杰弗逊把它的做法从巴黎的美国大使馆带回他的蒙蒂塞洛庄园，还在华盛顿的国宴中，以及各种盛大仪节中用这道菜宴请宾客。

不久，杰弗逊的表妹玛丽·蓝道夫在《维吉尼亚家庭主妇》（1824）这本传奇食谱中列出这道菜，因此它摇身一变，成为美国南方传统菜色的殿堂级食谱。奶酪通心粉继而所向披靡，征服全美国，不仅人人在家中烹调，还有速食包装版本。

随着时光流转，奶酪通心粉从原本可作大宴的美食，变成家常便饭，美味又充饥，满足了大人小孩的胃，尤其是得到了小孩的喜爱。

在我们罗马的家里就是如此，只是在我们眼里，那不叫奶酪通心粉，而是经典的焗烤意大利面，是乔凡娜的招牌菜，也是她为我的生日会准备的美食。倘若那时有人敢说我心爱的童年美食和美国那个仿制品有任何关系，我必然会发火，虽然没尝过但知道自己肯定是对的，发誓大西洋彼岸的做法一定难以入口。

直到有一天，我带着儿子在洛杉矶的餐厅面对3岁小毛头突然发作的难忍饥饿，不得不投降，点了两份奶酪通心粉，因为那最像他吵着要的食物。我已经做了最坏的打算，却不得不承认奶酪通心粉的确不只像"我们的"焗烤意大利面，甚至因为切达奶酪的特别浓郁而味道更胜一筹。

罗马的儿童对大西洋两岸这些食物的复杂关系一无所知，他们就是热爱焗烤意大利面。我们家大宴小聚不断（包括大人的和小孩的聚会），在2月我的生日会上，我们小孩吞下一盘又一盘小片比萨和几轮生火腿三明治之后，奶酪通心粉是压轴的好戏。

　　不过生日会的高潮不是饮食。神奇的一刻发生在电影放映员带着影片胶卷，腋下夹着卷起的幕布现身之时。我们一拥而上，围在他身旁，等着看电影。我最爱的是《飞天万能车》（1968），但《欢乐满人间》（1964）和《窈窕淑女》（1964）也不错。只是我们之中，包括我在内，没有人发现银幕上满口伦敦腔的伊莉莎·杜利特尔和把焗烤意大利面分给我们的那位女士，竟是同一个人。

妈妈和钱皮耶罗叔叔在我的3岁生日会上，罗马，1973年。

　　同学第一次来我们家时，都有点怯生生的——天晓得他们在家里听到了些什么——不过用不了多久，他们就会明白我妈妈和在校门口接孩子放学的妈妈没什么不同，她也会和老师谈话，邀请其他小朋友和家长来家里玩。

　　在那个还没有录像带、影碟或有线电视的世界里，除了家庭电影院，以及那绝顶好吃却不敢光明正大说出它名字的奶酪通心粉之外，我们的派对一点也不好莱坞。

奶酪通心粉

（Mac and Cheese）

4 人份

· 1 升牛奶
· 1 条（100 克）无盐黄油，多备一些涂抹用
· 1 杯（100 克）中筋面粉
· 少许磨碎的肉豆蔻

· 少许盐
· 4 杯（400 克）磨碎的切达奶酪
· 680 克通心粉，直管、弯管或螺旋状均可

烤箱加热至 180℃。10 英寸烤盘涂沫上奶油。

在中型长柄锅中小火热牛奶。

准备白酱：在小型长柄锅里小火融化黄油，逐渐筛入面粉。不断搅动，煮至混合物褐色止；法国人因其红棕色泽，称之为棕色油炒面粉糊。徐徐倒入热牛奶，一边搅打约 10 分钟，至混合物开始沸腾。离火，加入肉豆蔻、盐和四分之三量的奶酪搅拌均匀。

用加一点盐的沸水快煮通心粉，然后沥掉水分。通心粉要非常弹牙，比包装上建议的烹煮时间少三四分钟。在大碗里把通心粉和酱汁混匀，然后放到准备好的烤盘上。撒上剩下的奶酪，烤约 30 分钟，至外皮金黄色止。

创新做法

奶酪通心粉可依个人口味做千变万化的调整，从奶酪的种类（可用泰德莫尼奶酪或格鲁耶尔奶酪及切达奶酪）到另加熟火腿、意式培根或碎牛肉，当然喜欢硬脆口感的人也可撒上大量面包屑。

我建议在做这道菜时，视传统的经典的焗烤意大利面为一切变化的基础，因为这是所有美式奶酪通心粉的鼻祖。

焗烤意大利面和它延伸出来的奶酪通心粉一样变化无穷，包括是否使用白酱，用磨碎的帕尔马干酪、马苏里拉奶酪、斯卡莫札奶酪、欧芝挞奶酪等，或任何你喜欢的意大利奶酪组合来取代切达奶酪。乔凡娜常做的传统"白色"版本是用煮过的鲜奶油取代白酱，用帕尔马干酪和艾蒙塔尔奶酪的组合取代切达奶酪，再加上一点火腿丁和马苏里拉奶酪丁，与弹牙的通心粉混合。撒上面包屑，在烤箱中以 200 ℃烤至少 20 分钟至褐色止。

左图：我在康妮家化装玩耍，1975年；
右图：妈妈和我在康妮家，1979年。

酥炸肉排：
回家的诱惑

"我们都会做很多，还是被一扫而空。如果卢卡在家，我会早一点做——因为它们凉着吃也很好吃——但我得把它们藏起来。有一次我发现将近一半不翼而飞，只剩下吸油纸。"

——罗琪塔·奥鲁纳苏

我小时候，纽约就等于两大建筑：金刚摩天大楼（帝国大厦）和炸肉排大楼（皮埃尔酒店）。自从我们第一次抵达皮埃尔酒店就是如此，那天我们又累又饿，妈妈点了一些食物，请他们送进房间来。

我得承认直到今天，看到客房服务送来餐点上的钟形盖子，仍不禁莞尔。5 岁的我觉得这实在太神奇了，尤其是盖子一掀开，我就和一块超大肉排面对面，比平常在家里吃的大五六倍（至少在我记忆中是如此）。

妈妈和她的杰克·罗素爱犬，和平之邸。

199

在大城市，所以吃大肉排？毋庸置疑。但在我的印象中也可以说：在家吃很多小肉排，出外吃一块超大肉排，不论是在纽约，还是在格施塔德的欧登酒店都一样。经验证明我的推论没错。

不论大小，酥炸肉排对青少年时期的我，就像番茄酱意大利面对妈妈一样：都是出远门回家之后必须大快朵颐的佳肴。无论我们在哪里，也不论季节，我们都爱吃，不过我更喜欢在夏天吃酥炸肉排。此外，冷掉的肉排如果没人注意，很容易被偷吃，完全符合瑞士的"double service"（第二回合）传统。格施塔德罗斯黎饭店餐厅的侍者看到客人吃完第一道菜，会问他们要不要再加一点。客人理论上只能说好，因为如果拒绝，可能会冒犯威德默兄弟，他们家族已经拥有这家历史悠久的餐厅近一个世纪。维也纳炸小牛排（搭配炸土豆和无所不在的凤尾鱼卷）是这种如今已经消失的瑞士仪式的主角。上回我造访这家餐厅，问一名女侍者还记不记得这个传统，她泫然欲泣说，她是送上"第二回合"的最后一名侍者。她的语气仿佛是一个时代的结束似的。这个饮食仪式结束在1993年，妈妈去世那一年。

妈妈和我在看漫画书，罗马巴莱斯特拉区，1978年。

妈妈和我，和平之邸，
1972年9月。

在和平之邸，乔凡娜和罗琪塔总会准备装满一大盘的肉排，保证一定有剩余。剩下的肉排放在"冷藏室"，这是瑞士房屋常见的设计，有点像冷藏食品贮藏室，位于房屋北面，贴有瓷砖。

晚餐后几个小时，"冷藏室"就变成哥哥和我的决斗场，我们在那里争抢最后几块肉排。这样的戏码整晚不断演出，等到第二天早上，我们之中有一个人一定只会拿到吸油纸。

我常梦到一段不快乐的时光，在十分叛逆的一年后，我被送到寄宿学校。问题可能出在大家总说我是个循规蹈矩的好孩子。我会不会变成一个听话的傻子？青春期我没有找到正确的出口，因此突然开始叛逆。我和妈妈意见不合的时间变多了，这段时期我较少看到她，因为她常到瑞士陪罗伯特。和她争吵并不常见。我只记得童年时有一次她追我，威胁说要打我，我躲进浴室避难。

妈妈生气时不会大声。她的反应要严重得多：她会表现出她的不快。而且她知道怎么让你真正感到难过。我很确定她是在表演，而且我得说她侥幸成功了。甚至有一次——我应该是十四五岁——我受不了愧疚感，不由得大声说了出来："够了！我受够了你老是对我不满意！我宁可你打我！"

一切如常没有改变。但几年后，我差点被留级时，爸妈决定送我到瑞士上学。老实说，我倒也不反对，一方面是因为我的朋友乔凡尼会跟我一起去，另一方面是这个决定让我母亲最终迁往和平之邸。

不过我真心想念家里做的饭菜。寄宿学校的餐厅乏善可陈，我被乔凡娜宠坏了，在罗马时她总会将肉排悄悄塞进我的饭盒，让我带到学校去。我整晚辗转反侧，满脑子都是肉排。因此我只要放假回家，常常消化不良，因为狼吞虎咽了太多肉排。

BREADED VEAL CHOPS

Cut evenly some fine, medium sized, tender veal
chops so that all the ribs are of equal length,
beat them a little with the back of a knife, salt
lightly on both sides, dip them first into some
flour, then in beaten egg, and turn them about
in fine sifted cracker dust, slightly salting
both the egg and cracker dust, which should cover
them fully.   Shortly before serving, fry the chops
to a gold color in very hot fat but after a few
minutes reduce the heat somewhat, so that they
do not remain raw inside by browning too quickly.
Serve the chops with fine vegetables or with a
Tomato or Mushroom Sauce.   Frequently cole slaw
or cucumber salad is passed with them.

PETIT CADEAU
POUR MON
AMOUR

X X X

对页图：妈妈的炸小牛肉排食谱；上图：皮埃尔酒店信笺上的注记。

酥炸肉排
（Breaded Cutlet）

4 人份

维也纳炸小牛排和米兰煎肉排的起源，一直是维也纳人和米兰人激烈争论的话题。然而，就像其他食物烹饪方法一样，爱国精神在此没什么意义，部分是因为这两道菜的食谱截然不同，我把它们分别列在后面的"创新做法"中。下面的食谱是罗琪塔平常在家做的酥炸肉排，做法直接引述她的说法。

· 680 克小牛肉，切成薄片
· 1 个蛋黄，打散
· 3½ 杯（300 克）面包屑

· 特级初榨橄榄油或纯净黄油
 （参见"如何做纯净黄油？"）

"我用小牛后腿肉，分量很多，因为那些肉排总会莫名其妙消失。我会请肉贩帮我切薄片，回家再用肉锤把它们拍松。我在碟子里打进一整个蛋，让每块肉片都蘸上蛋液，一定要翻面，使两面都有蛋液。接着我会用面包屑沾裹每一块肉片，用橄榄油煎炸，然后将它们放凉，放在吸油纸上。"

米兰煎肉排，和平之邸；对页图：和平之邸庭院里的节日餐桌。

创新做法

维也纳炸小牛排

较大较薄的酥炸肉排——我在皮埃尔酒店或格施塔德欧登酒店吃到的那种——名叫"象耳"，因为这样的肉排下锅前如果没有沿着边缘拉一下整形，就会卷起来，像那种厚皮动物巨大的耳朵。

做维也纳炸小牛排的小牛肉片必须薄，如有需要，应敲打至仅约 0.6 厘米厚。先裹面粉，再浸入打散的蛋液，最后裹上面包屑，用纯净黄油中火各炸两面三四分钟。

米兰煎肉排

用带骨的小牛腰肉，肉排切成至少 3 厘米厚。肉不要拍打，直接浸入打散的蛋液，再沾裹面包屑。接着在平底锅中用纯净黄油中火煎肉排，翻面一次，至两面都煎成均匀的金黄色。用一点锡箔纸包住骨头，即可上桌。

烹调秘诀

肉排可凉着当零食吃，也可以切成一口大小的小块，作为夏日开胃菜，或者蘸一点塔巴斯科辣椒酱。罗琪塔做的小牛肉排也可以换成猪肉薄片，我在家用的就是猪肉片。

香草冰激凌：
让她"大快朵颐"之物

"如果只有我们俩，我们就只吃番茄酱意大利面，还有香草冰激凌配巧克力酱。"

——多丽丝·布林纳

妈妈在尚鲁斯（格勒诺布尔附近）冬季奥运会时与法国队合影，1968年。

让我们提供一点小道消息给八卦小报吧：我母亲和她时而饰演的令人喜爱的角色不尽相同，她并非没有缺点——连在厨房也一样。除了前文所说，对意大利面和巧克力上瘾之外，她还对冰激凌充满热情，像个调皮的小无赖一样贪婪。

她最爱的口味是香草，并且与好友同赴"罪恶的渊薮"。如果冰激凌再加一点调料让味道更甜美，那么"女生之夜"格外让她们欢喜，她的朋友们会各显神通，用自己的方法来美化她们的甜点。

妈妈在其他方面没有什么恶习。她爱葡萄酒，却对当美酒"鉴赏家"毫无兴趣，她的朋友罗伯特·瓦格纳强调："她总喝绝佳的威士忌。"伴侣罗伯特说："如果我们分隔两地，她在罗马，而我在瑞士，我们每晚都会通电话。我们边聊，她边抽烟，边享受一点点威士忌。有时她会喝一小杯。她常说：'这世界上总有某个地方现在已经六点。'"

没错，妈妈手上经常拿着烟，只是不像《蒂凡尼的早餐》中的霍莉·戈莱特丽那样叼着烟嘴。她少女时代就开始吸烟，在荷兰解放期间。"对我来说，自由有一种特别的气息"——她解释说——"英国汽油和英国香烟的味道。我跑出去迎接士兵时，深深吸进他们身上的汽油味，仿佛那是无价的香水，而我也要了一根烟，尽管我被烟呛到。"

此后她从没放下过英国香烟，后来这又成为一种职业病。如今大家会阻止年轻女演员吸烟，但在那时候，手上拿根香烟是每一位银幕宠儿的共同姿势。不过妈妈从没因为尼古丁上瘾而怪罪别人。

她有她的小瑕疵，而她也承受它们，但避开那些过分和无节制的放纵，也就是一般人和"邪恶"好莱坞联想在一起的毛病。在她看来，嗑药罪大恶极。因此她做了妈妈之后，和其他母亲一样为孩子担心，青少年时期一次好笑的误会让我明白了这件事。

一天，朋友乔凡尼和我碰到几个小流氓，他们拿刀恐吓我们。我们没有怎么抵抗。我被抢了夹克，乔凡尼则被抢走他的拉风红色新机车。乔凡尼的妈妈认定我们一定是把这些东西卖了去找乐子，天知道我们能找什么乐子。她把她的疑虑告诉我妈妈，而她又把这消息告诉家中的男人，但是他们都没领会她的意思。

她对爸爸说："你得严厉地对待他。"

"严厉？"爸爸答道，"没必要吧？"

肖恩则取笑她。他假装在调查这件事："他有没有脸色铁青，躲在房间角落？""没有。""那就没事。"

我们俩根本没把这当一回事，直到有一天大家聚在和平之邸吃午餐，妈妈把我拉到一旁，眼睛睁得又大又圆，声音几乎发抖："卢卡，我们得谈谈。""谈什么？""谈嗑药，你……在吸大麻！"

对页图：妈妈在冬季奥运会期间留影，1968年；上图：冬季奥运会时与多丽丝合影，1968年。

我好不容易说服她这不是真的。两位妈妈虚惊一场后，用香草冰激凌来压惊也就不足为奇了。

罗琪塔记得妈妈热爱我们家自制的香草冰激凌，我记得她也很爱现成品牌，她的朋友们也自用巧思装点冰激凌。康妮常加一点烤过的椰子，也常把这种冰激凌加进她的糖渍苹果里。在无数越洋的食谱交换后，这道食谱是妈妈从她亲爱的美国好友那里收到的最后一份食谱。多丽丝则喜欢用焦糖搭配冰激凌，或者浇上巧克力酱。

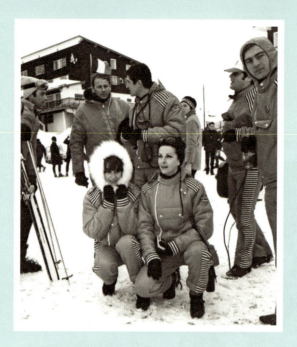

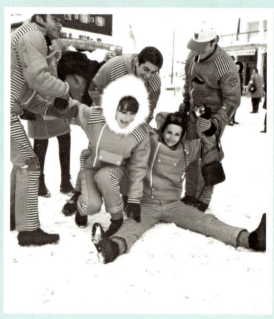

妈妈和多丽丝在冬季奥运会时留影，1968年。

康妮的糖渍苹果

（Connie's Apple Confit）

4 杯量（500 毫升）

- 8 个翠玉苹果，去皮去核，切丁
- 1 杯（200 克）白糖
- 2 杯（400 克）红糖
- 1 小匙（6 克）肉桂粉
- 1 小匙（5 毫升）柠檬汁
- 自制或店购香草冰激凌，佐餐用

在中型长柄锅里加半杯（120 毫升）水和白糖煮苹果。糖和苹果的混合物要煮到嘶嘶作响的稠度，如有必要，可以滤掉一些水；加入红糖、肉桂、柠檬汁，轻轻摇锅让糖汁包裹住苹果。转小火，盖上锅盖，煮至苹果极软但仍保持形状（最多三个半小时）。移至碗中待凉，包上保鲜膜冷藏，直到冷透。

康妮也用这道糖渍苹果搭配感恩节火鸡。

多丽丝的巧克力酱

（Doris's Fudge Sauce）

2 杯量（240 毫升）

- 2 大匙（30 毫升）淡味玉米糖浆
- 1½ 杯（125 克）糖
- 200 毫升鲜奶油
- 4 大匙（60 克）无盐黄油
- 少许盐
- 250 克黑巧克力，磨碎
- 1 小匙（5 毫升）香草精
- 自制或店购香草冰激凌，佐餐用

在小型长柄锅里小火加热玉米糖浆、2 大匙（30 毫升）水和糖，至糖溶解。转大火，把糖水煮至沸腾几分钟，焦糖混合物应呈深琥珀色。

焦糖离火，徐徐滴进鲜奶油里，加入黄油和盐，搅拌至完全均匀。在耐热碗里铺上磨碎的巧克力，倒进混合物，加入香草精混匀。

剩余的巧克力酱可装入气密容器冷藏最多两周。不过食用前需要在双层蒸锅里再次加热。

自左上顺时针：妈妈和多丽丝在船上，意大利萨丁尼亚，1976年；妈妈在多丽丝的《范妮·法默烹饪宝典》上题字；多丽丝在我父母亲相识的"卡利斯托号"上，土耳其，1968年。

番茄酱斜管面：
我们的垃圾食品

　　"原教旨派读者"最好跳过这一章节。如果要读，那么我建议放下偏见和疑虑，方能轻松地挑战某些严格的规定——而且我指的不只是饮食规则。

　　我那以有机为己任的妈妈不仅自己荷锄种菜，也偏爱用新鲜番茄做的番茄酱意大利面，可是她对现成番茄酱烹调的斜管面有一种秘密的热爱。罗马人会说那是"un'americanata"（美国主义，略带负面意味），不过我认为那是妈妈的英国基因在作祟。我猜想对妈妈来说，番茄酱斜管面就像令你想到老家的远亲一样，也让她想到番茄酱烘豆，逾一个世纪以来，只要是正宗"全套英式早餐"，必然有它。

　　妈妈坐在电视机前的扶手椅上吃番茄酱斜管面时，更是大呼过瘾。她虽爱在小荧幕上看经典老片，但更为电视上播的流行舞曲发狂，这对我来说可是大大的不幸。

　　我们俩的喜好天差地别，因此抢电视是家常便饭。比如妈妈喜欢西班牙歌唱家胡里奥·伊格莱西亚斯，我偏爱英国摇滚乐队平克·弗洛伊德；妈妈爱看综艺节目，我喜欢猜谜节目，

妈妈在我们租住的海滨小屋留影，托斯卡纳小镇保格利，1972年。

自左上顺时针：妈妈和我，夏威夷大岛，1981年；我帮多丽丝的花园挖土，瑞士吕利，1975年；妈妈、我与小狗"皮奇尼尼"，和平之邸，1975年；我和我最爱的木偶"马里诺"，比弗利山康妮家，1970年代中期。

她既不信任那些节目又觉得它们没有教育功能。"最好别让他以为钱会从天上掉下来。"她这么对爸爸说。他对她这些无关紧要的忧虑总是一笑置之，而我则以不知天高地厚的男孩的无知，批评她的品位。"妈妈，你不能看这些东西。"我会义愤填膺地对她说。

但曾是芭蕾舞明日之星的她对歌舞懂得可比我多得多。她知道在那些炫目的舞步背后所下的苦功。她告诉我，那些舞蹈女郎"都做了充分的准备"。比如她是意大利歌手拉法艾拉·卡拉的头号歌迷，妈妈说，如果卡拉在美国，早已成为熠熠巨星。

"汉堡坡"餐厅菜单，比弗利山。

我们对电视节目还是有一些相同意见的，尤其是罗伯特·瓦格纳和斯蒂芬妮·鲍尔斯主演的侦探电视剧《哈特夫妇》。妈妈从不错过任何一集，不论她人在罗马或瑞士。我喜欢看是因为可以在电视上看到家庭好友罗伯特·瓦格纳，我们经常在格施塔德见到他，因为他是我们的邻居。妈妈不只把他当成朋友，也赞赏他的演技。后来获邀和他同台飙戏时，她毫不犹豫地答应了，那就是《窃贼之爱》（1987）。这是她第二部（也是最后一部）电视电影，在她首部电视电影之后近 50 年。

比起拍电视节目，妈妈更喜欢看电视，尤其是周日外出走了很长的路之后，晚上她会露出淘气的表情，用盘算了半天的口气说："你猜猜今天晚上有什么计划？我们一边吃番茄酱斜管面一边看电视。"有时她比我更孩子气，泄露出内心的情感而不自知。

在战时长大的她，幼时几乎不可能放纵自己，也没机会搞恶作剧。等到战争结束不再有炸弹空袭时，她又恢复了严格的芭蕾训练，接着忙于适应作为演员的新生活。如今终于可以放下一切，而她个人对美好生活的定义就包括：捧着一盘番茄酱斜管面，坐在电视机前享受节目。

番茄酱斜管面（Penne with Ketchup）

2 人份

· 250 克斜管面或细斜管面
· 1 大匙（14 克）无盐黄油
· 2 大匙（30 毫升）特级初榨橄榄油
· 少许亨氏番茄酱，或视口味加量
· 艾蒙塔尔奶酪，磨碎，佐餐用

在锅里用稍微加盐的大量沸水煮斜管面，面弹牙时出锅沥掉水分。同锅开中火，加入黄油和橄榄油，与面轻拌，混合一两分钟。关火加盖，再等几分钟；这个技巧叫作加奶滑，让你的面滑顺如丝。把斜管面倒入大碗，加少许番茄酱轻轻搅拌，分量正好让面带粉红色。在面上各处再点缀一些番茄酱，配上磨碎的艾蒙塔尔奶酪。

烹调秘诀

要找到能和番茄酱斜管面搭配的食物属实不容易——最好的选择或许是酥炸肉排，不过你也可以发挥想象力，比如酱油斜管面配白肉，味道好得出奇。

我们知道这个点子可能又会让意大利美食传统的守护人大吃一惊，他们一想到意大利面配主食，变成附属的地位，就觉得万万不可接受。不过我们胸有成竹地知道只要你愿意品尝，就会原谅这道食谱（别忘了要配电视节目同享）。

妈妈和我在托斯卡
纳保格利的海滩，
1972年。

创新做法

与番茄酱斜管面在"哲思"和实际做法上都有异曲同工之妙的，
是酱油斜管面，这是哥哥肖恩怎么都吃不腻的食物。它的做法
同上，用奶油和橄榄油包裹面体，再加一点低钠酱油，配上磨
碎的帕尔马干酪。

蒜香辣椒意大利面：
意大利的安慰

在意大利烹饪中，蒜香辣椒意大利面是最简单、最常见，也人人吃得起的面食。然而，对我那受北方教养的母亲来说，这却是地中海口味同化最困难的阶段。她虽然喜欢这道菜，却还是有点抗拒，因为它代表了一点文化冲突。这道菜有强烈的辛辣味（许多意人利人甚至声称它有催情之效），还有扑鼻的异香。

我仿佛还能听到家中厨师在准备这道菜时妈妈的反对声音："乔凡娜，这味道……""太太，我在爆香大蒜……""我知道，乔凡娜，但是这味道……"

没错，爆炒大蒜当然会有味道，妈妈最终也接受了这气味，多少有点"驯服"它的意思，稍后会再说明。后来她把食谱传给伴侣罗伯特，他不像她那么保守。罗伯特反而对这道菜着迷不已，他认为气味越强烈，口味越辛辣越好。

因此在妈妈有要务离家时，乔凡娜或罗琪塔总会为罗伯特做蒜香辣椒意大利面，让他借这气味熏天的食物聊慰寂寞。于是，罗琪塔又将这道菜重新取名为"spaghetti della consolazione"（意大利安慰面）。

妈妈和罗伯特，
1990年。

221

蒜香辣椒意大利面
（Aglio，Olio e Peperoncino）

4 人份

- 粗海盐
- 500 克意大利长面或细面
- ⅓ 杯（80 毫升）特级初榨橄榄油，多备一些调味用
- 1 到 2 瓣蒜瓣，切末
- 新鲜红辣椒，切末，或压碎的红辣椒片，多备一些佐餐用（视辣椒辣味程度和个人口味调整）
- 新鲜欧芹，剁碎，装饰用

一锅凉水煮沸，加入 1 把盐和意大利面。

同时在大锅里中火热橄榄油；加入蒜和辣椒末轻炒，至蒜瓣几乎呈褐色但不烧焦。意大利面煮至弹牙，用漏勺沥掉水分，把面加入锅中，与橄榄油、蒜和辣椒大火快炒，不时甩动炒锅，不超过 1 分钟。撒上欧芹，橄榄油和生辣椒末置旁佐餐，适量调整。

创新做法

蒜、橄榄油和辣椒的面底变化无穷，味道最强烈的应属凤尾鱼露意大利面，配料是一种特殊的凤尾鱼油，把凤尾鱼肉泡在木桶里，用盐腌渍，制作过程漫长又复杂，可追溯到古罗马时代，当时被称为"garum"（鱼酱）。

这种意大利面要用不加盐的水来煮。把凤尾鱼油（每 90 克至 120 克意大利面加 1 大匙）加入橄榄油、蒜和辣椒中混合。凤尾鱼露是阿马尔菲海岸海港小城切塔拉的特产。如果买不到，可以用平底锅煮几条去盐凤尾鱼，加点橄榄油、蒜和辣椒，味道相去不远。

对页自左上顺时针：罗伯特在康妮家帮妈妈整理衣服，确定她十全十美，1991年2月；妈妈和洁西，和平之邸；妈妈和罗伯特在康妮家，比弗利山，1980年；与罗伯特的钓鱼之旅，夏威夷，1981年；与罗伯特和康妮在沃尔德家，1988年春天；与罗伯特和他们钟爱的杰克·罗素梗犬，1987年。

爱犬的食物：
妈妈和她的爱宠们

"为什么这两只小狗在你床上和你一起睡？"
"因为我们找不到大到可以睡四条狗的狗床。"

——奥黛丽·赫本

"她爱死那条狗了，她爱死她所有的狗了，而且她随时都有
养狗。"

——比利·怀尔德

妈妈和宠物朋友玩耍，罗马市郊拉魏格纳，1955年。

妈妈认为"善意的谎言"是好事，稍微扭曲一点现实，让人生比较不那么糟糕，这不会伤到任何人。我记得最清楚的一个例子是，我们家从我还在襁褓时就养的两条狗死了。"曲奇和莫格利怎么了？"我问道。妈妈的回答是："它们到一个漂亮的疗养院去了——在瑞士山里的医院，所有上了年纪、生了病的可卡犬都去那里，呼吸新鲜空气，身体才会好。"

当时我大约 5 岁，和那个年龄的其他孩子一样，对母亲的话深信不疑。我经常疑惑为什么那两只可爱的黑色可卡犬迟迟不回和平之邸。一直到我年长许多——而且时间缓和了我可能有的悲伤——之后，妈妈才告诉我真相。她瞒着我是怕我像她一样因爱犬离世而心生悲伤。

在曲奇和莫格利之前，家里还有其他狗，在它们之后也还有许多狗。它们每一只都得到无比的关爱，这种爱是出于不自以为是它们的主人，而是它们同伴的人。

最常出现在照片中的狗恰如其名——"著名先生"，这只"小名流"常到拍片现场，并在当时的名媛淑女间掀起了一阵约克夏犬风。妈妈和它简直像是共生关系，至少一直到妈妈接拍《翠谷香魂》（1959）时才有了变化。当时她听从制片人的建议，把同片的明星——纤弱的小鹿"皮平"，昵称"依比"——带回家培养感情。

有一小段时间，妈妈和依比形影不离，这头小鹿甚至跟着她逛比弗利山的超市。"著名先生"嫉妒得要命，不过这段时期不长。和小鹿同住实在太困难了，即使对我母亲来说也是，不久后她只得把它送到动物园。听到它在身后心碎的哭叫，母亲明白她所犯的大错：想要驯养野生动物。她永远不能原谅自己。

《双姝怨》（1961）拍摄期间，"著名先生"在洛杉矶被车撞死。我所知的家里的狗和"著名先生"都不同。倒不只是因为它们不像它那么出名，也因为它们反映出这位年轻女明星逐渐简化她的生活，直到她成为心心念念她的花园和家庭的意大利主妇，这包括家里的所有动物。其中一批动物是她的杰克·罗素梗犬，自她发现这个品种后，一直养这种狗。

杰克·罗素梗犬外貌很具欺骗性，它们看起来娇小玲珑，很容易被错当成温驯的良伴，但其实它们活力充沛、肌肉发达，有时性情暴躁易怒，是狐狸和豪猪的伟大猎手，能爬上最难爬的铁丝篱笆，或者从篱笆下面的洞钻过去——追捕绝对不能任其脱逃的猎物。

自左上顺时针：妈妈和《翠谷香魂》主演小鹿皮平（依比）在食品杂货店里，1958年；与罗伯特和泰平斯犬，1991年4月；妈妈在乔治·布彻家，英国乡间景色，约1938年；妈妈的兽医通讯录；照顾一只四脚朋友，1962年。

莫格利，我们的两只黑色可卡犬之一，和平之邸。

妈妈对杰克·罗素梗犬一见钟情，不过她的第一群杰克·罗素梗犬是贾奇和皮奇尼尼的混种。贾奇是个性冲动、体型超大的公狗，皮奇尼尼则是聪明绝顶的混种狗，一天它跟着维洛祖父出了村子的酒吧，就永远地住进了我们家。

皮奇尼尼有一种天生的野性。它会狼吞虎咽吃掉自己的食物，然后假装在地上找东西吃，让我们以为它没吃到，好多讨点东西吃。只要是会动的东西，贾奇都会猛追，尤其是猫，那些住在和平之邸附近的倒霉猫咪现在恐怕都还记得它。仅仅是风吹一茎小麦的动静，就足以让它一跃而起。有一天妈妈去干预，结果被贾奇一不小心咬伤，手缝了好几针。皮奇尼尼和贾奇都很长寿，生了几只可爱的小狗。它们看似最纯种的杰克·罗素梗犬，每一只都是，而且它们很快在和平之邸或罗马安顿下来，只是并不都像它们的双亲这么好命。

洁西死的时候，我们流了很多眼泪，它在罗马误食腐坏的肉丸而送命。还有马芬，它在瑞士有类似的遭遇。有位冷血兽医宣布泰平斯得安乐死时，我们伤心欲绝，不过后来它安享晚年，只有一点跛。妈妈的最后一只爱犬，也是她最心爱的一只，名叫佩妮。它睡在妈妈床上，而且它烦人的性情唤起了我青春期的叛逆。和妈妈亲吻道晚安成了危险行动，因为得冒着被咬到鼻子的风险。

不过妈妈从不会人狗不分，也不会把动物当作人一样对待。在她展开人生最后的任务，到遥远悲惨的地方去时，佩妮不能跟随。但妈妈回家时，佩妮总会等着她，而她也像所有养狗的人一样，为它忙进忙出。给它点心零食、日常的喂养和漫长的散步，是妈妈回到家之后最享受的快乐之一。

狗食（In the Bowl）

在那时，用罐头狗食，还是自行调制，可不像现在这么讲究。只要一到中午，妈妈就会为爱犬准备白饭（不会热到冒烟），混合一点烤肉和胡萝卜的饭糊，等饭糊放凉，还会加一点橄榄油调味。

她每周会给它们加个蛋黄，让它们毛色亮丽。我们吃炖小牛膝时，妈妈最开心的是她可以煮那些骨头给爱犬啃。

妈妈在院子里与小鹿皮平及约克夏犬"著名先生"追逐游戏，1958年。

"在孩子们自我存在的小世界里……没有什么比不公正更容易被感知和察觉。"

——狄更斯

6

真正重要的意义：
她的传承

巧克力慕斯：
白宫晚宴

我在母亲的文件里发现了一张日期标注着 1981 年 12 月 4 日的卡片，上面列的是白宫晚宴的菜单：法式鲜虾浓汤、青椒烤鸡胸、比利时菊苣沙拉、布里奶酪、薄脆面包和巧克力慕斯。

乍看之下，这个菜单似乎是两者的妥协，一方面是中规中矩无懈可击但缺乏个性的菜色，正式招待的典型菜肴；另一方面则反映出当时白宫主人罗纳德·里根的口味。他喜欢简单的食物，比如汉堡牛肉蔬菜汤或奶酪通心粉，而且特爱甜食，从糖豆到南瓜派无所不包，尤其是里根夫人南茜拿手的猴面包，以及形形色色的巧克力。

巧克力是他和我母亲的共同爱好，这是我母亲唯一始终抗拒不了的美食诱惑。自第二次世界大战结束时，一个士兵给了她几条巧克力棒之后，她就再也放不下它。尽管悲伤的岁月已逝，尽管她严格自律，却从没放弃这无邪的小缺点。偶尔尝一点巧

前跨页图：妈妈在美国军用直升机上，前往索马里与美国海军陆战队会合，协助当地的联合国维和部队，1992 年；对页图：妈妈在越南黄连山，身着当地的传统服饰，1990 年。

克力，甚或只是闻到它慢慢融化的芬芳，都能让她得到安慰。

妈妈和总统对这款慕斯蛋糕一定都会领首赞同——至于菜单上其他菜系，我就不知道了。有一阵子，里根总统、第一夫人南茜和我母亲都在好莱坞工作。好莱坞儿童基金会成立时，南茜·里根的贺卡上写道："我真的想不起我是什么时候认识奥黛丽的。她一直是我们生活的一部分。我想一定是在我们都在影坛之时。"这必然是我之所以找到几封里根总统邀请函的原因。

妈妈在苏丹，1989年。

不过妈妈最初和美国政坛的接触还要更早，在多年之前，只是对方并不是总统，而是年轻的刚进入国会的马萨诸塞州民主党参议员约翰·肯尼迪。当时妈妈名气也不大，她刚拍完《罗马假日》，正在美国巡回演出《金粉世界》。两个前途看好的年轻人相识并相互爱慕，对彼此的敬意与时俱增。在肯尼迪最后一次生日会的晚上，妈妈唱了"生日快乐，总统先生"。几个月后，她却得把肯尼迪在达拉斯遇刺的消息告诉《窈窕淑女》剧组人员。

直到后来，等我母亲展开她的人道主义事业之时，才真正面对政治，只是在她看来，"照顾儿童和政治毫无关系，那纯粹是生存问题"。

妈妈知道她得谴责贫穷的元凶，而不仅仅是在造成破坏之后才赶去协助。她找到了最合适的言辞和最理想的地点——从美国国会，到电视摄影棚——她努力驱使媒体报道被遗忘的危机，使政治家们不敢稍有忽视。

索马里之行后，老布什准备给她颁发总统自由勋章，这是美国公民的最高荣誉。罗伯特清楚记得那天总统致电康妮在洛杉矶的家联系我母亲。当时她刚出院，被诊断出患有恶性肿瘤，她举步维艰地下床接电话，可是却无法亲自参加典礼。妈妈去世之后，勋章被送到了家里。

巧克力慕斯
（Mousse au Chocolat）

4 人份

慕斯的美味很大一部分在于你舌下香软泡沫与齿间硬脆巧克力之间的对比。你得提防当今无所不在的奢华口味。最理想的是用黑巧克力块烘焙。我们家自制的慕斯就是以这种巧克力为底，但我不知道白宫的主厨是否同意我们的看法。

· 400 克黑巧克力
· 3½ 大匙（50 克）无盐黄油

· 2 个鸡蛋，蛋黄和蛋清分开，另备 1 个蛋清
· 3 大匙（40 克）糖

把四分之三量（300 克）的巧克力弄成小块，放进长柄锅；在双层蒸锅里小火融化巧克力，不断搅拌。巧克力完全融化后离火，加入黄油、2 个蛋黄和糖。

在碗里打 3 个蛋清，一直打到硬挺泡发，再加入巧克力混合物，用塑料刮刀从底部往上轻轻搅拌，使蛋清不致塌陷，加盖冷藏 3 小时。

剩余的巧克力刨花或卷曲，用来装饰慕斯。

THE WHITE HOUSE
WASHINGTON

January 14, 1993

Dear Audrey:

I am delighted to send you the Presidential Medal of
Freedom in honor of your outstanding contributions
to humanity, through the arts and through your
outstanding service to UNICEF.

As I mentioned in our telephone conversation and
during the awards ceremony, I regret that you were
unable to be with us here at the White House so
that I could personally present this award to you.
Nevertheless, it was a privilege to celebrate your
many contributions to film, as well as your wonder-
ful humanitarian work in behalf of children around
the world. As a gifted actress, you have won the
affection of millions of fans; as a giving, caring
individual, you have won our enduring respect as
well.

Barbara joins me in sending warmest best wishes to
you.

Sincerely,

We are very proud of you.

Miss Audrey Hepburn
"La Paisible"
1131 Tolochenaz
Vaud
SWITZERLAND

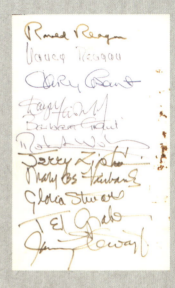

自左上顺时针：妈妈在索马里执行联合国儿童基金会
的任务，身后远处是摄影师贝蒂·普瑞斯，1992年9
月；执行联合国儿童基金会任务，1989年；老布什
总统颁发总统自由勋章的信函，1993年；亲笔签名的
白宫菜单背面，1981年12月；白宫菜单，1981年12
月；妈妈在索马里执行任务，1992年9月；向联合国
军队致敬，1992年。

DINNER

Shrimp Bisque
Fennel Sticks

Breast of Chicken with Red Peppers
White Rice
Tiny Sugar Peas

Belgian Endive and Bibb Lettuce
Brie Cheese
Melba Rounds

Chocolate Mousse

Champagne

Silkwood Cellers
Chardonnay
Schramsberg Crémant

THE WHITE HOUSE
Friday, December 4, 1981

世界上最珍贵的食谱：
联合国儿童基金会的
口服脱水补充液

妈妈常说："一个挨过饿的人永远不会因为牛排半生不熟就退掉它。"这是她担任联合国儿童基金会特使多次远赴国外时，始终奉行不渝的原则。罗伯特向我坦承，有时他会假装胃溃疡，以避免"完全不知道是什么东西的菜肴"，代之以香蕉或粥。但妈妈不会这么做，当她从索马里归来，感到腹痛难忍时，的确有一段短暂的时间，我们自我欺骗，认为可能是她在索马里感染了什么病症。

罗伯特说，索马里是唯一的一个地方，让妈妈有强烈拒绝端上桌的食物的想法。那时是在一个村子里，他们在"餐厅"的前厅为当晚的主菜（一只小羊羔）放血，她只能尽量压抑住自己的不适。在那个长期处于无政府的混乱状态和天气一直干旱的国家，有其他许多理由让她不舒服，食物根本不值一提。她最后一次旅程最为艰苦。"我已经下过地狱，又回到人间。"她回来后告诉我们。

这一切始自六年前，在一次赴埃塞俄比亚的任务中，她得

妈妈在她心爱的和平之邸房子前，约1990年。

239

到了可以改变世界的希望，促使她热忱地接纳了自己的新角色。"我这一生都在为这份工作排练，如今我终于得到了这个角色。"她被任命为联合国儿童基金会亲善大使后这么说。

妈妈曾经是这个基金会最早救助的儿童之一，说得更精确一点，是1945年荷兰解放后进入荷兰的联合国善后救济总署。她永远忘不了那些卡车，"载满了面粉、奶油，还有所有我们已经很久没看到的东西，所有我们梦寐以求的物品"。经历好几个月的饥饿之后，联合国善后救济总署为她提供了第一顿饱餐。

多年后，妈妈到苏丹一处偏僻的难民营里看到一个孤单的男孩四肢平摊躺在旧床垫上。她问那孩子怎么了，医生说他有急性贫血和呼吸系统问题，还因严重营养不良而水肿。"他的情况和战争结束时的我一模一样，"她说道，"在那个年纪，有那三个毛病。我心想这是多么奇特的巧合，但那也是光辉的一刻，因为就在那时一辆联合国儿童基金会的大卡车驶来，上面装满了药品和食物。"

我相信妈妈在那些时刻感受到了能够回报她所受过救助的快乐，至少可以回报一部分。她救助儿童的本能源于自己的经历，她知道匮乏的童年所带来的伤痛和脆弱。她的形象可以用来行善，她意识到这一点应该归功于我。我亲爱的祖父在罗马郊外一家破败的医院接受治疗，妈妈和我去探望他时，我发现同病房中一名病人已经死亡，但却没人注意到。这是我祖父接受治疗的地方？我勃然大怒，对妈妈说："难道你就不能用你的名气，就这么一次，让祖父得到好一点的待遇吗？"妈妈习惯于循规蹈矩，从不要求例外。在她看来，特权是不可原谅的罪恶。

可是这次她的确提出了要求，开始没有提自己的名字，但没有效果，接着她报上名号，祖父的疼痛神奇般地减轻，也被安排到比较好的医院。我在很久之后才从罗伯特那里得知此事，妈妈绝不肯承认。她发现可以用自己的名声来行善之时，觉得有责任用有系统的方式来进行。

"我在这方面没什么经验，"她接受联合国儿童基金会的任命时坦承，"但我身为人母，而且愿意旅行。"我告诉她这工作太累人时，她回答说："你也很累人，你知道吗？既然你已经长大成人，现在我该关心其他孩子。"

没人能劝阻她，尤其在她发现一个神奇配方之后更是如此，这无疑是本书中最珍贵的食谱，它叫作口服脱水补充液。自 1968 年首次使用以来，这个"食谱"已经拯救了超过五千万人的性命——其中大半是儿童——否则他们很可能因痢疾脱水而死。

食谱简单得出奇，只要有饮用水、糖和盐即可。一位年轻医生大卫·纳林于孟加拉爆发霍乱时，首次在帐篷医院里用它来治疗病人。

纳林知道要拯救脱水的病人，必须像他流失体液的速度那样尽快补充水分。根据联合国儿童基金会的说法："20 世纪没有其他任何一个重大医学发明，能在这么短的时间内，花费这么少的金钱，防止这么多死亡。"该基金会也把这一神奇食谱带到世界上最偏远的角落。

任何人都可以制作这种脱水补充液，只需将上述成分混合。真正的挑战在于置身有需要的地方，取得饮用水，不论是一个人或 群人，面对脱水危机时能派上用场。因此，联合国儿童基金会或其他人道组织是在有需要时，准备这道"食谱"的最佳机构。

口服脱水补充液疗法
（Oral Rehydration Therapy）

· 8 小匙（100 克）糖和半小匙（0.5 克）盐，溶解在 1 升饮用水里。

THE WHITE HOUSE

WASHINGTON

December 22, 1989

I am delighted to send my warmest greetings to all
those gathered for the annual Golden Globe Awards
Gala. I also send my congratulations to Audrey
Hepburn as the Hollywood Foreign Press Association
Board of Directors honors her with the Cecil B.
DeMille Award.

An actress who has delighted fans the world over
with delightful performances ranging from a cockney
to a princess, Audrey Hepburn is truly one of our
most talented, respected, and loved actresses. Yet
it is not for her wonderful acting ability, but rather
her giving of herself to others that has won the
love of children of the world for Audrey Hepburn.
Her tireless efforts on behalf of UNICEF have
brought help and hope to children who otherwise
would be living desperate lives of want. I com-
mend her for her shining example of serving others.

Barbara joins me in sending our best wishes.

Gy Bush

上图：老布什总统祝贺我母亲获得金球奖终身成就奖"塞西尔戴米尔奖"的信，表彰她对联合国儿童基金会的贡献，1989
年；对页图：妈妈搭乘美国军用直升机前往索马里，1992年；与罗伯特在索马里，1992年。

奥黛丽·赫本生平年表

1929年 5月4日,奥黛丽·凯瑟琳·凡·海姆斯特拉·罗斯顿出生于布鲁塞尔。她叙述道:"出生三周后,我就因百日咳而死,但因母亲的祈祷和拍打而又重生。"奥黛丽的父亲是英国人安东尼·约瑟夫·维克多·罗斯顿(她姓氏中的祖名"赫本"是于1939年4月6日加入的),母亲是荷兰人埃拉·凡·海姆斯特拉。两人都是第二次婚姻。埃拉第一次婚姻有两个儿子,亚历山大(1921年生)和伊恩(1924年生)。

1929—1934年 奥黛丽和两个哥哥随父母往返于海牙和林克贝克(布鲁塞尔市郊)的村子与伦敦之间。

1934年 5岁的奥黛丽被送到英国肯特郡里格登姐妹寄宿学校,假期时在乡间与一个矿工家庭同住。

1935年 约瑟夫和埃拉追随英国法西斯联盟领袖奥斯瓦尔德·摩兹利爵士。暮春,约瑟夫离开了妻子。

1935—1939年 里格登姐妹中有一位是伟大的舞蹈家伊莎多拉·邓肯的学生,她让奥黛丽接触到芭蕾舞。这个小女孩每周接受一次伦敦来的教师的指导,对芭蕾产生终生不渝的热情。

1938年 奥黛丽的父母离婚,母亲取得她的监护权,但她仍住在英国肯特郡。

1939年 9月,第二次世界大战爆发,埃拉决定带女儿回荷兰阿纳姆,因为那里比较安全。奥黛丽在搭上最后一批飞机离开英国前见到了父亲。约瑟夫和其他数百名摩兹利的信徒一样未审遭关押,先被关在伦敦,战争将结束时被送到马恩岛上的集中营,此后他与前妻和女儿失联25年。

1940年 5月10日,德军入侵荷兰,第一批沦陷的城市包括离国界仅一箭之遥的阿纳姆。5天后,荷兰被迫投降。荷兰国王与王后逃往伦敦。荷兰人民开始长达5年的漫长严冬。

1941年 12岁的奥黛丽在阿纳姆音乐学院拜温娅·玛若娃为师,开始真正的舞蹈训练。玛若娃一直教她到1944年夏天。老师和她最疼爱的学生建立了深厚的友谊。

妈妈和小鹿"皮平"在
休息,1958年。

1942 年 8 月 15 日，奥黛丽的姨夫奥托·凡·林布格·史提朗（埃拉姐姐梅洁的丈夫）在森林里和其他 5 个人一起遭德军射杀。这是德军首次仅因报复反抗入侵者的荷兰人民而执行的屠杀平民行动，对奥黛丽一家造成沉重的打击。亚历山大加入反抗军，伊恩被德国人驱逐出境之后，奥黛丽只能和母亲及挚爱的梅洁阿姨相依为命。两姐妹在父亲阿诺·凡·海姆斯特拉男爵家避难。

1944 年 9 月 17 日，"市场花园行动"展开。这是截至当时规模最大的空袭行动，阿纳姆市成为杀戮现场。埃拉和奥黛丽与其他许多勇敢的荷兰人一样，藏匿并协助跳伞进入阿纳姆的英国士兵。德军勃然大怒，战争最后几个月境况悲惨，成千上万的荷兰人民被活活饿死。

1945 年 5 月 4 日，奥黛丽 16 岁生日那天，荷兰解放。她这时近 168 厘米高，体重只有 40 公斤，患了气喘、黄疸和其他因营养不良引起的疾病，包括急性贫血和严重水肿。

1945—1948 年 1945 年末，奥黛丽和母亲搬到阿姆斯特丹。她们先前仅有的一点财产因战争消耗殆尽。埃拉先担任女仆和厨子，接着在一家花店工作。奥黛丽跟随当时荷兰的芭蕾舞明星桑妮雅·盖斯凯尔继续学习舞蹈。1948 年，她在英荷合作的一部少有人记得的影片《荷兰七课》中初登银幕，饰演了一个小角色荷兰皇家航空服务员。

1948 年 奥黛丽和母亲迁往伦敦，奥黛丽获得奖学金，跟随英国传奇芭蕾舞演员玛丽·兰伯特学习舞蹈。母女俩抵达伦敦时，身上只有 100 英镑。埃拉换了许多工作，起初在梅菲尔区当公寓管理员，奥黛丽则担任模特贴补家用。她在镜头前认识了罗杰·摩尔，两人成为朋友。

1949 年 在音乐剧《鞑靼酱》中，奥黛丽喜欢上法国歌星马塞尔·勒庞，这是她第一个"认真的"男朋友。她在希洛俱乐部表演，与一同歌舞的同僚工作至深夜。

1950 年 奥黛丽在《天堂里的笑声》一片中扮演卖香烟的女郎，这是她在英国联合影业公司一连串演出中的第一个角色。她邂逅詹姆斯·汉森，两人订婚。《开胃酱》在剑桥剧院上演，奥黛丽从群舞的舞蹈女郎中获选演出喜剧小品。

1951 年 奥黛丽在蒙特卡洛的巴黎饭店拍摄《蒙特卡洛宝贝》时偶遇打算将自己的小说《金粉世界》搬上百老汇舞台的法国大作家柯莱特，她在奥黛丽身上看到了女主角的气质。奥黛丽赴纽约参加排练前，到伦敦松林制片厂试镜，获得威廉·惠勒新片《罗马假日》中年轻的安妮公主一角，将与格利高里·派克共同演出。《野燕麦》5 月上映，《拉凡德山的暴徒》10 月上映。

1952 年 夏天，《罗马假日》开拍；奥黛丽在百老汇演完最后一场《金粉世界》，立刻匆匆赶到罗马，电影一拍完又赶回美国参加《金粉世界》全美巡演。她马不停蹄地奔波了 8 个月，因此数次延迟婚礼，又因与汉森聚少离多，且演艺生涯正在起步，便与他解除婚约。《双姝艳》首映，《蒙特卡洛宝贝》发行，《少妇逸事》上映。

1953 年　8 月，《罗马假日》上映，奥黛丽立刻成为家喻户晓的明星。在伦敦一场宣传晚会上，格利高里·派克介绍她认识梅尔·费勒。9 月，奥黛丽回到片场，与亨弗莱·鲍嘉及威廉·霍尔登演出比利·怀尔德执导的《龙凤配》。她在片中的服饰多出自年轻设计师纪梵希之手，一段伟大的友谊由此诞生。奥黛丽拍这部电影时，首次在洛杉矶租公寓独居。

1954 年　5 月 25 日，奥黛丽凭《罗马假日》获得奥斯卡最佳女主角奖；三天后，凭《金粉世界》获颁托尼奖（最佳戏剧类女主角），她在此音乐剧中和梅尔·费勒同台演出，此前仅有一次女演员同时获得这两项殊荣。9 月，她和费勒在瑞士结婚，在很少她不需要四处拍戏的时间，他们居住在瑞士的布尔根施托克。婚后不久，奥黛丽怀孕，但后来流产。《龙凤配》上映，为她赢得另一次奥斯卡最佳女主角奖提名，以及声誉卓著的英国电影学院奖最佳女主角奖。奥黛丽和费勒在罗马拍摄大片《战争与和平》；金·维多执导，参与演出的明星包括亨利·方达和维托里奥·加斯曼。

1955 年　奥黛丽以《龙凤配》一片获奥斯卡奖提名。

1956 年　奥黛丽完成了一项心愿，与弗雷德·阿斯泰尔在《甜姐儿》中同台歌舞。该片由斯坦利·多南执导；理查德·阿维顿用蒙太奇手法为奥黛丽拍摄的剧照，使该电影轰动一时。同年底，她出演《黄昏之恋》，比利·怀尔德执导，加里·库珀联袂演出。两片都于 1957 年上映。
奥黛丽与丈夫梅尔·费勒共同出演电视直播戏剧《魂断梅耶林》。

1958 年　奥黛丽几乎整年都在拍摄《修女传》，该片由弗雷德·金尼曼执导。虽然她喜欢这部影片，却因此筋疲力尽。她总共花了六个月时间工作，其中有两个月在刚果（金）（当时是"比属刚果"）。拍摄完成后，她又接演《翠谷香魂》，与安东尼·博金斯对戏，这是梅尔·费勒最后一次执导她的戏。

1959 年　奥黛丽在墨西哥沙漠与伯特·兰卡斯特联袂演出约翰·休斯顿的《恩怨情天》。这是她第一部也是唯一一部西部片。拍摄过程中，她从马背上跌下来，背部着地，四节脊椎断裂，怀有身孕的她不久流产。同年，在费勒和红十字会的帮助下，她在爱尔兰与近 25 年未通音讯的父亲见面。

1960 年　7 月 17 日，肖恩·费勒在瑞士琉森出生。3 个月后，奥黛丽从瑞士飞往纽约，出演《蒂凡尼的早餐》一片中的霍莉·戈莱特丽，布莱克·爱德华兹执导。
同年凭《修女传》一片获奥斯卡奖提名。

1961 年　奥黛丽和雪莉·麦克雷恩共同演出威廉·惠勒的《双姝怨》，该片因影射同性题材而引起轩然大波。

1962 年　奥黛丽演出两部以法国为舞台的电影：第一部是不太成功的《巴黎假期》，
理查德·奎因执导，威廉·霍尔登也参与演出；第二部是非常卖座的《谜中谜》，斯坦利·多
南执导，奥黛丽第一次（也是唯一一次）与加里·格兰特共同演出。
同年凭《蒂凡尼的早餐》一片获奥斯卡奖提名。

1963 年　奥黛丽获得乔治·库克执导的《窈窕淑女》（1964）一片中伊莉莎·杜利特尔
的角色，该剧在百老汇由朱莉·安德鲁斯和雷克斯·哈里森主演，大获好评。奥黛丽不眠
不休地练习唱歌，不过在最后的电影版本中，几乎所有歌曲都由玛妮·尼克松代唱。

1965 年　奥黛丽在特洛什纳附近买下她梦想的家"和平之邸"，离洛桑约 12 英里。这是
她多年来梦寐以求的避风港，日后她会越来越频繁地回到这里。肖恩开始上学，奥黛丽放
慢工作步调，好多陪陪儿子。她最亲密的好友之一多丽丝·布林纳和尤尔·布林纳夫妇就
住在附近。夏天，她赴巴黎拍摄威廉·惠勒的《偷龙转凤》，与彼得·奥图尔合演。她和
他在一起总是笑口常开。

1966 年　夏天，她回到法国，赴蔚蓝海岸拍摄斯坦利·多南执导的《丽人行》（1967），
该片场景主要设于该地，共同领衔主演的是阿尔伯特·芬尼，两人饰演夫妻。

1967 年　年初，奥黛丽在特伦斯·杨执导的《盲女惊魂记》中饰演失明的女郎，该片让
她第五次获得奥斯卡奖提名。拍摄期间，她非常想念肖恩。电影杀青后，奥黛丽宣布息影。
这不是她生活中唯一的结束，9 月，她宣布与梅尔·费勒离婚。

1968 年　奥黛丽与梅尔·费勒离异后，生活重心转到和平之邸和罗马，多年来在两地结
交了一些亲密好友。她长时间在洛里安·弗兰凯蒂·盖塔尼家做客。6 月，她赴希腊海上
之旅，登上保罗－安尼克·威勒夫妇的游艇"卡利斯托号"。在"以弗所和雅典之间"，
她与罗马精神科医生安德烈·多蒂坠入爱河。
6 月，奥黛丽获颁托尼奖特别奖。
同年凭《盲女惊魂记》一片获奥斯卡奖提名。

1969 年　1 月 18 日，奥黛丽和安德烈·多蒂在莫尔日市政厅喜结连理。她的见证人是多
丽丝·布林纳和卡普西尼；他则请了他舅舅、画家雷纳托·古图索、保罗－安尼克·威勒。
他们在罗马租房定居，肖恩也在这里上法文学校。奥黛丽旋即怀孕，接下来数月大半待在
和平之邸。

1970 年　2 月 8 日，卢卡·多蒂在洛桑出生。多蒂一家回到罗马，奥黛丽成为全职妈妈。
他们先住在旧城中心，靠近朱利亚路，后来搬到帕里奥利大道的住宅区。
12 月 22 日，奥黛丽参加联合国儿童基金会电视特别节目《爱的世界》演出，朱莉·安德
鲁斯主持。这是奥黛丽首次参与这个基金会的活动，而她生命的最后一段时期都奉献给这
个组织。在该集节目中，奥黛丽"代表"她居住的国家意大利。

1975 年　息影 8 年后，奥黛丽重返影坛，演出理查德·莱斯特的《罗宾汉与玛莉安》（1976），与肖恩·康纳利携手演出。她和卢卡在西班牙潘普洛纳的拍片现场共度夏天。

1978 年　拒绝各种邀约后，奥黛丽接下友人特伦斯·杨执导的《朱门血痕》（1979），在片中饰演女继承人，合演者是本·戈扎那拉。这个角色选得不合适，该片让她得到从影生涯最差的评价。

1980 年　奥黛丽和安德烈告诉卢卡他们决定离婚。年中，奥黛丽在纽约拍摄彼得·博格丹诺维奇的《哄堂大笑》，再次与本·戈扎那拉合作。电影杀青后，她遇到荷兰演员罗伯特·沃德斯，两人在皮埃尔酒店长饮畅谈；他们几个月前曾在洛杉矶见过面，地点是两人共同的朋友康妮·沃尔德家。10 月 16 日，奥黛丽赴都柏林探视重病的父亲，他撒手人寰之前与女儿解开了心结。

1982 年　奥黛丽和安德烈离婚。她留在罗马，让儿子卢卡能在父亲身边，并往返新伴侣罗伯特·沃德斯所居的瑞士。奥黛丽一直到 1986 年才长居和平之邸，卢卡也从罗马的夏多布里昂中学转学至瑞士的寄宿学校。

1987 年　奥黛丽首次有机会和老友罗伯特·瓦格纳同台演戏，毫不犹豫一口答应。罗杰·杨执导的《窃贼之爱》是 30 多年来她首次参与演出的电视电影。

1988 年　参与了一系列联合国儿童基金会的活动后，奥黛丽被任命为基金会的亲善大使，前往埃塞俄比亚，履行大使的第一个使命，开启她晚年的辉煌成就。

1989 年　夏天，在蒙大拿州拍摄史蒂芬·斯皮尔伯格执导的《直到永远》。观赏过《E.T. 外星人》后，她就对斯皮尔伯格欣赏不已。她在片中饰演天使哈普，与理查德·德雷福斯对手戏。这是她演出的最后一部影片。

1990 年　奥黛丽为朋友迈克·蒂尔森·托马斯谱写的乐曲《来自安妮日记》朗诵画外音。3 月，这部作品在美国短暂巡回公演，托马斯指挥新世界交响乐团演出。

1991 年　林肯中心电影协会向奥黛丽·赫本致敬。奥黛丽获得好莱坞外国记者协会（金球奖）颁发的终身成就奖"塞西尔戴米尔奖"。

1992 年　奥黛丽最后一次也是最困难的一次旅程，赴因内战和饥荒而民不聊生的索马里。9 月返家后，虽因所见惨状身心俱疲，但却比以往更坚定地扮演证人的角色。10 月底，她住进洛杉矶的西达赛奈医疗中心，诊断结果是恶性肿瘤。她动了两次手术后与家人回到瑞士。

1993 年　奥黛丽与挚爱之人在和平之邸度过 1992 圣诞节后，于 1993 年 1 月 20 日与世长辞。

1994 年　奥黛丽逝世后获颁奥斯卡特别荣誉奖——吉恩·赫肖尔特人道主义奖。

参考文献

序　言

P13：“有些人认为我放弃事业是为家庭所做的重大牺牲……”
Ian Woodward,*Audrey Hepburn* (New York: St. Martin's Press,1984),241.

P13：“如果有人认为这生活枯燥乏味，那很可悲……”
Warren Harris,*Audrey Hepburn* (New York: Simon & Schuster,1994),244.

P16：“我上了阁楼……”
Anne Frank,*The Diary of a Young girl*: The Definitive Edition,Otto H. Frank and Mirjam Pressler (eds.),trans. Susan Massotty. (New York: Doubleday,1991) entry dated 23 February 1944.

荷式蔬菜土豆泥：打起精神，怀抱希望
Anne Frank,*The Diary of a Young girl:* The Definitive Edition,Otto H. Frank and Mirjam Pressler (eds.),trans. Susan Massotty. (New York: Doubleday,1991).

P20：“感谢上帝至少还有这些东西可吃……”
“Princess Apparent,” *Time*,September 7,1953.

P20：“它从你的脚开始，等到达心脏时，你就会死……”
William Hawkins,interview with Audrey Hepburn, *Dance Magazine*, October 1956.

P21：“我们之间的差别只在于她在屋里……”
Curtis Bill Pepper, “The Loving World of Audrey Hepburn Dotti,” *Vogue*, April 1,1971,94.

巧克力蛋糕：象征自由的甜点
P37：“要是我现在收到一盒好巧克力……”
Pauline Swanson, *Photoplay*, April 1954,102.

在家吃早餐：老派作风
P42：“她总是吃同样的早餐……”
Eleanor Harris, “Audrey Hepburn,” *Good Housekeeping*, August 1959.

伏特加番茄酱意大利面：出门在外的家
P57：“我最大的快乐……”
Sidney Fields, “Audrey Hepburn—Success Is Not Security,” *McCall's*, July 1954,62.

P58：“成了睡眼蒙眬的小城……”
Guy Trebay, “A Hollywood Insider and a Map of the Stars,” *The New York Times*, February 26,2012.

罗马式面疙瘩：奥黛丽·多蒂太太
P83：“我是罗马的家庭主妇……”
M. George Haddad, “My Fair Lady,” *Hollywood Studio Magazine*, September 1979.

P85：“首先你得花一年左右劝说……”
Sheridan Morley,*Audrey Hepburn* (London: Pavilion Books Ltd.,1993),157.

P86：“在安德烈·多蒂母亲家里的一顿热闹意大利面晚餐……”
Dominick Dunne, “Hepburn Heart,” *Vanity Fair*, May 1991,136.

威尼斯小牛肝：期待我出生
P90： "我这辈子最悲哀的时刻……"
Ellen Erwin and Jessica Z. Diamond,*The Audrey Hepburn Treasures* (New York: Atria Books,1996),101.

番茄酿饭：一别两宽
P113： "他们离异时，她的心也为安德烈难过……"
Barry Paris,295.

哈利酒吧：回到威尼斯
Ernest Hemingway, *Across the River and into the Trees* (New York: Charles Scribner and Sons,1950).

中国火锅（瑞士版）：冬日暖意
P127： "食谱里要用到法式清汤……"
Fannie Farmer,*The Boston Cooking-School Book* (New York: Little,Brown and Company,1896).

汤匙牛肉：大费周章的生日惊喜
P168： "撒了香料的冷牛肉搭配胡萝卜……"
Marcel Proust, *Within a Budding* Grove, trans. C. K. Scott Moncrieff and Terence Kilmartin,revised D. J. Enright (New York: Modern Library,1998),39.

香草冰激凌：让她"大快朵颐"之物
P208： "自由有一种特别的气息……"
Caroline Latham, *Audrey Hepburn* (London: Proteus Publishing,1984),11.

爱犬的食物：妈妈和她的爱宠们
P225： "她爱死那条狗了……"
Barry Paris,178.

P230： "在孩子们自我存在的小世界里……"
Charles Dickens,*Great Expectations* (London: Chapman & Hall,1861),chapter8.

巧克力慕斯：白宫晚宴
P234： "照顾儿童和政治毫无关系……"
"Audrey Hepburn: Breakfast at UNICEF," *Philadelphia Inquirer*, May 23,1990.

世界上最珍贵的食谱：联合国儿童基金会的口服脱水补充液
P240： "他的情况和战争结束时的我一模一样……"
Scott Harris, "Audrey Hepburn,Actress and Humanitarian,Dies," *Los Angeles Times*, January 21,1993.

P241：Josh Ruxin, "Magic Bullet. The History of Oral Rehydration Therapy," *Medical History*, Vol.38, 1994,363–367.

P241: Billy Woodward,"David Nalin—Over 50 Million Lives Saved," *Scientists Greater Than Einstein* (Fresno: Quill Driver Books,2009).

图片来源

P2, 15, 189（左下）, 220, 223（左中）, 234, 236（左上）, 238: ©Robert Wolders Collection

P8–9, 227（左上）, 229, 244: ©Bob Willoughby/MPTV Images

P11, 16–17, 18, 22, 23, 25, 27, 28, 30, 31, 33, 35（左上、右上、左下、右下）, 36, 38, 41（左上、下）, 44, 46, 47（左上、左下）, 53（右中）, 59, 61（右上、右下）, 68, 70, 81（上排、下排）, 91（右上、中排、下）, 93, 97（中）, 109（左下、右）, 110, 136, 139, 140, 146, 147, 149, 150, 151, 153, 157, 159, 162, 163, 165, 168, 171（左下、右）, 172, 175, 177, 178, 180, 186, 188, 189（上排、右中、右下）, 192, 194, 195, 198, 201, 202, 203, 205, 206, 208, 210, 211, 213（左下）, 219, 223（右下）, 227（右上、右中、左下、右下）, 228, 237, 242: Audrey Hepburn Estate Collection

P14: Photos by Earl Thiesen; ©Earl Thiesen

P21（左）, 47（右下）: Photos by Manon van Suchtelen; Audrey Hepburn Estate Collection

P21（右）: ©ANNE FRANK FONDS Basel, Switzerland

P35（中）: ©Doris Brynner

P41（右上）, 142, 166, 169, 171（上）, 182（右下）, 223（右上、右中）: Photos by Robert Wolders; ©Robert Wolders Collection

P42–43, 62, 64, 65, 71（上）, 126, 128, 132（上）, 133, 171（左上）: Photos by Mel Ferrer; Audrey Hepburn Estate Collection

P47（右上）, 91（中下）, 153, 216（右上）: Photos by Audrey Hepburn; Audrey Hepburn Estate Collection

P50, 52, 53（上排、左中、中、下排）, 54, 56, 61（右中）, 71（下）, 97（左上）, 189（左中）, 197: ©Andrew Wald

P55, 223（左上、左下）: Photos by Camilla Mcgrath; ©Earl Mcgrath

P58, 97（右上）: Photos by Andrew Wald; ©Andrew Wald

P61（左上、左下）, 97（左上）, 204: Photos by Connie Wald; ©Andrew Wald

P74–75, 84（上）, 94, 99, 100, 102, 109（上）, 112: Photos by Pierluigi Praturlon; ©Pierluigi/Reporters Associati & Archivi

P76, 78, 79（左）, 182（上、左下）, 184–185, 209, 216（右下）: Photos by Doris Brynner; ©Doris Brynner